出生性别比失衡背景下经济激励与家庭生育决策

顾晓敏◎著

ECONOMIC INCENTIVES AND FAMILY FERTILITY DECISION-MAKING UNDER THE BACKGROUND OF IMBALANCED SEX RATIO AT BIRTH

中国经济出版社
CHINA ECONOMIC PUBLISHING HOUSE
北 京

图书在版编目（CIP）数据

出生性别比失衡背景下经济激励与家庭生育决策／顾晓敏著．--北京：中国经济出版社，2024.5
ISBN 978-7-5136-7716-5

Ⅰ.①出… Ⅱ.①顾… Ⅲ.①人口性别构成-研究-中国 ②生育状况-研究-中国 Ⅳ.①C924.24

中国国家版本馆 CIP 数据核字（2024）第 069373 号

责任编辑　赵静宜
责任印制　马小宾
封面设计　久品轩

出版发行　中国经济出版社
印 刷 者　北京富泰印刷有限责任公司
经 销 者　各地新华书店
开　　本　710mm×1000mm　1/16
印　　张　8.75
字　　数　153 千字
版　　次　2024 年 5 月第 1 版
印　　次　2024 年 5 月第 1 次
定　　价　88.00 元
广告经营许可证　京西工商广字第 8179 号

中国经济出版社 **网址** http：//epc.sinopec.com **社址** 北京市东城区安定门外大街 58 号 **邮编** 100011
本版图书如存在印装质量问题，请与本社销售中心联系调换（联系电话：010-57512564）。

目　录

1 导 论

1.1 选题背景及研究意义

出生性别比失衡是一个世界各国普遍关注的问题，对于东亚国家而言尤为重要。1955 年，联合国明确界定了出生性别比的通常值域为 102～107。新中国成立以来，我国的出生性别比一直保持在正常范围内，但自 20 世纪 80 年代以来出生人口性别比就逐渐偏离了正常范围。1964 年我国的出生人口性别比为 106.6，处于正常范围内，到 1982 年增长到 108.47，随后逐渐攀升至 2000 年的 116.9，到 2005 年出生人口性别比已达到 120.49，出生性别比严重失衡，并伴随着显著的地区差异。

出生性别比失衡会带来严重的经济和社会问题。首先，出生性别比失衡会对婚姻市场产生巨大的冲击，诱发一些婚姻新模式的出现，如婚龄断层、同族结婚、表亲结婚、跨国婚姻等（Edlund，1999）。其次，出生性别比失衡会降低劳动力的市场参与度，高出生性别比会提高女性在未来婚姻市场上的谈判能力，由于女性在婚姻市场和家庭内部的地位上升，使得女性在劳动力市场的参与度存在很大的负向效应（Angrist，2001）。再次，出生性别比失衡会增加社会犯罪率，一方面，婚姻可以起到维持社会稳定的作用，出生性别比失衡会增加未婚男性的数量，进而引发过多的社会违法行为（Edlund et al.，2010，2013）；另一方面，由于出生性别比失衡主要集中在农村，特别是经济发展较为落后的偏远地区，这会进一步加剧拐骗妇女现象的发生（Hughes et al.，1999；Banister，2004）。最后，出生性别比失衡还会带来宏观经济的失衡，催生居民储蓄率的逐渐攀升，造成内需不足的困境（Wei and Zhang，2011）。

大多数东亚国家和地区的出生性别比都存在不同程度的失衡，如日本、韩国和中国台湾等，因此很自然地将出生性别比失衡归结为东亚盛行的传统文化，Sen（1990）称这种特殊的现象为"消失的女性"(Missing Women)。东亚盛行的传统文化观念在这一过程中发挥着重要作用，对男孩的偏好普遍高于女孩，使得出生性别选择成为一种内生行为，并直接导致了出生性别比失衡（Edlund，1999）。在不控制小孩生育数量时，父母的偏好不会改变总体出生性别比（Edlund et al.，2010）。一些学者关注我国特殊的国情和政策，将出生性别比失衡归因于我国的计划生育政策（Wang，2012）。一些学者研究指出我国出生性别比的不断攀升可能是溺婴和瞒报的结果（Merli，1998）。随着产前胎儿性别鉴定技术的不断推广，一些学者开始研究B超的普及与出生性别比失衡之间的关系（Lin et al.，2014）。

进一步的研究发现，偏好男孩的文化有其内在的经济动机。在中国，当市场经济改革导致女性在采茶行业的回报上升时，女孩的数量明显增多（Qian，2008）。同样的事情也发生在欧洲，犁耕农业使得男性的回报增加，进而削弱了女性的相对地位（Alesina et al.，2013）；而当黑死病暴发时，畜牧业相对于种植业更有优势，女性相对于男性更适宜畜牧业，女性的社会地位也随之提高（Voigtländer et al.，2013）。女性社会地位的提高不仅改善了出生性别比，还降低了总和生育率，并帮助欧洲最终跳出"马尔萨斯陷阱"。梁若冰（2014）关注我国明清时期女性地位上升的经济学解释，在该时期寡妇守节的现象十分常见，作者认为这是一种理性的经济行为而不仅仅是由于礼教的约束。

不仅如此，男女出生性别比的失衡还会反过来增加养育男孩的成本。由于男性的数量大大超过女性，男性在婚姻市场上的竞争日益激烈，那些生育男孩的父母为了增加儿子在未来婚姻市场中的竞争力，会倾向于增加储蓄、积累财富、延期消费。在城市里则出现所谓的“丈母娘经济现象”，即要求男方购置一套房产，这种效应还通过住房市场传导到其他家庭，进一步增加生育男孩的成本（Wei and Zhang，2011）。因此，从理论上来说，当养育男孩的相对成本上升时，或者养育女孩的相对收益上升时，那些基于经济动机的男孩偏好就会下降，出生性别比失衡则会在一定程度上得到缓解。Ebenstein（2011）通过参数模拟的方法评估了奖惩性计划生育政策的效应，当对没有男孩的家庭提供的奖励为当地一年平均收入时，可以减少67%“消失的女性”的数量，这个效应是非常显著和巨大的。当然，Ebenstein（2011）的研究存在一些明显的缺陷，首先是没能解决生育男孩的成本与出生性别比之间可能存在的反向因果关系，其次该研究并不是一个真实的政策环境，特别是没有考虑生育行为的溢出效应。

进一步地，有一系列文献关注经济激励对家庭生育决策的影响。Malthus（1798）就开始关注家庭的生育决策以及家庭决策如何受到经济激励的影响。在本书的研究中，我们主要梳理了来自政府和市场的经济激励对家庭生育决策的影响。

文献中涉及政府经济激励的探讨，主要关注财政奖励计划、工资福利改革、税收优惠政策、产假福利改革和儿童照料补贴以及养老保障制度等方面。Sinha 和 Yoong（2009）研究了印度哈里亚纳邦的一项行动“我们的女儿 我们的财富”，研究结果表明，财政奖励计划对于已出生小孩的生育率有显著的正向效应。进一步地，Anukriti（2014）运用印度的数据来印证经济激励能否改变低生育率和高出生性别比之间的替代关系。Ohinata（2011）识别工薪家庭税收抵免的政策效应。Laroque 和 Salanie（2014）考察工资变动所带来的福利变动和税收抵免变动，研究结果表明，经济激励对于生育决策有显著的正向效应。有文献关注西班牙2003年的个人所得税改革，研究发现这项改革使得生育率和有3岁以下小孩母亲的就业率显著提高，这个效应对于受教育程度较低的女性会更加显著。产假福利改革和儿童照料补贴也是在文献中非常关注的两个方面。研究经济激励对于生育率的影响，有学者关注德国的产假福利改革，研究发现产假福利改革的法案通过以后的9个月中，整体的月出生率有较大的不连续跳跃，在这个断点以后，生育率保持上升趋势，同时可以在一定程度上降低不同受教育程度和收入女性之间的生育率差异（Raute，2014）。要探讨儿童补助对生育率的效应，值得关注的是Whittington等（1990）的一项研究，文章指出针对儿童的税收优惠政策对生育率有很大的正向效应。在Boldrin和Jones（2002）的研究框架中，政府增加养老金的投入对生育率的影响是非常显著的，可以很大程度上解释欧洲和美国生育率的差异。一些学者关注中国在出生性别比失衡的背景下，女孩的生存状况和政府可以采取的干预政策，如“关爱女孩行动”，改善社会和文化环境，提高家庭对女孩的偏好，改善女性的社会地位（Li，2007）。

来自市场的经济激励，本书在文献中主要关注的是住房价格的变化。在其他条件不变的情况下，房价的上涨会对当期小孩的需求产生负向的替代效应，这种效应对于潜在的初次购房者和当前住房拥有者来说都是存在的。另外，对于住房拥有者而言，所在地区房价的上涨会增加他们的房屋净值，这会通过两个渠道导致住房拥有者生育率的提高，即传统的财富效应和抵押信贷效应。Dettling和Kearney（2014）研究美国大城市的房价如何影响家庭的生育决策，结果发现短期房价的上涨会导致租房者的生育率下降、住房拥有者的生育率上升。Lovenheim和Mumford（2013）使用住房市场的变化来度量家庭财富的变动，研究发现家庭财富上涨会提高生育孩子的概率，房价上涨对租户的生育率没有显著效应，住房财富的变动会提高总体生育率。Kulu（2007）关注住房类型对生育率的影响以及生育模式的变化，文献中关于家庭变化对住房选择的影响已有长足的研究，但对于不同住房类型下生育模式的研究较少，而住房无疑是影响生育率的一个重要决定因素。有学者基于中国香港的实际情况进行研究，结果表明房价上涨1%会导致生育率下降0.52%，而老年人口增加1%会导致生育率下降1.65%，文章的研究结论不仅可以分析生育行为，还可以提供一定的政策启示，尤其是对于迫切需要改善低生育现状的国家和地区（Hui et al.，2012）。Aksoy（2016）运用工具变量方法，考察房价对生育率的影响效应，研究发现房价每上涨 10%，会导致住房拥有者的生育率提高 2.8%，而租房者的生育率下降 4.9%；文章进一步指出，对于住房拥有者的正向效应主要是由年龄较大的群体决定的，而对于租户的负向效应主要是由 20~29 岁的群体所决定的，房价对生育率的效应在不同地区和不同特征人群中也有差异。

基于以上认识，本书尝试系统考察出生性别比失衡、经济激励与家庭生育决策之间的关系。我们主要从政府经济激励和市场经济激励两个角度出发。在政府经济激励方面，我们关注国家人口计生委（现为国家卫生健康委员会）2003 年启动的“关爱女孩行动”项目，考察针对女孩家庭的政府奖励和扶持政策是否能够促进出生性别比的下降，缓解出生性别比失衡。进一步地，我们还关注政府经济激励的微观机制，研究了在实施“关爱女孩行动”的背景下，政府经济激励会如何影响家庭的经济收入、社会保障和医疗健康状况。在市场经济激励层面，我们主要考察房价波动所带来的家庭住房财富的变化，本书研究的是 2001—2008 年商品房价格的上涨，关注房价波动的替代效应、财富效应和抵押信贷效应，分析房价上涨会对家庭生育率和出生性别比产生怎样的影响。

1.2 核心概念

在人口学的研究范畴中，性别比是一个非常重要的概念，根据统计对象的不同，人口性别比也分为不同的类型，比如总人口性别比，指以总人口为统计对象时，每 100 位女性所对应的男性数量。在本书的研究中，我们尝试从政府和市场两个角度出发，考察经济激励能够改变家庭中父母对子女的性别偏好和生育决策，因此我们关注的主要是出生人口性别比的概念。

出生人口性别比是指每出生 100 名女婴相对的出生男婴数量，联合国在其 1955 年出版的《人口估算基础数据质量评价方法》（*Methods of Appraisal of Quality of Basic Data for Population Estimates*, Manual Ⅱ）（下文统称为手册Ⅱ）中认为，出生性别比偏向于男性，明确界定了出生性别比的通常值域为102~107，其他值域则被视为异常。同时，也存在不同水平的出生性别比失衡，包括人口总体的出生性别比水平、分孩次出生性别比水平等。

1.3 研究方法和数据

1.3.1 研究方法

本书要考察来自政府和市场的经济激励，对家庭生育率、出生性别比等生育决策的影响，主要采用经验研究的分析方法。本书采用的方法之一是双重差分法（Difference-in-Difference，DID），控制地区和年份的双向固定效应，并在上一个维度单位进行聚类，目的是通过政策实施前后的对比，评估试点政策的效应。

我们在使用最小二乘法进行OLS回归分析时，为了获得更加稳健的研究结论，也同时使用了工具变量（Instrument Variable，Ⅳ）的分析方法，这主要是为了缓解模型中可能存在的内生性问题。本书中内生性问题的存在，主要可能有两方面的原因：一个是反向因果，另一个是遗漏变量问题。在选取工具变量（Ⅳ）时，需要满足的基本条件：工具变量V与扰动项不相关，但与控制变量存在相关性，即满足$Cov(V_i, \varepsilon_i)=0$并且$Cov(V_i, x_i)\neq 0$。

1.3.2 研究数据

本书使用的数据包括1990年第四次、2000年第五次和2010年第六次三次全国人口普查的数据，里面包含县区层面分年龄段的性别比数据和男女受教育情况数据，在学术研究中有广泛的应用。县区的宏观变量主要来自相应年份的县市社会经济统计年鉴，并辅之以省份的统计年鉴资料，历年转移支付的数据主要来自全国地市县财政统计资料。此外，“关爱女孩行动”的政策资料主要是笔者从国家人口计生委和县区人口计生委网站手工整理而成的。

在本书的研究中，地级市的商品房价格数据及其他一些宏观经济变量，主要来自地级市的区域经济统计年鉴。国家统计局公布的中国城镇住户调查数据也是本书的一个主要数据来源，涵盖了丰富的家庭和个人信息，数据具有很强的随机性和样本代表性。

1.4 研究思路与结构安排

本书主要包括 7 章内容，具体内容安排如下：

第 1 章为导论。本章主要阐述了本书的选题背景及研究意义，对研究方法和数据进行了简要介绍，论述了本书的研究思路与结构安排，以及研究的创新之处。

第 2 章为文献综述。首先，本章从婚姻、犯罪、储蓄三个角度，回顾了有关出生性别比失衡影响的研究。其次，本章关注出生性别比失衡的直接原因，包括传统文化观念、计划生育政策、溺婴和瞒报现象的存在、B 超技术的使用等。很多文献指出，出生性别比失衡背后有其内在的经济动机，这也是本书关注的主要视角，我们对相关研究进行了细致的梳理总结。最后，经济激励会对家庭的生育、就业等相关决策产生哪些影响，我们从政府和市场两个角度对相关文献进行了总结。

第 3 章为理论回顾。本章主要回顾了新家庭经济学中对家庭决策、生育行为、女性劳动就业等问题的研究进展，主要涉及数量—质量替代理论和时间分配理论，并进一步回顾了宏观经济学中关于生育行为的相关理论进展。

第 4 章为政府经济激励与出生性别比再平衡：“关爱女孩行动”。在本章中，我们关注政府经济激励是否可以缓解出生性别比失衡，基于“关爱女孩行动”这一自然实验，采用倍差法考察试点政策对 0 岁和 1~4 岁性别比的影响，研究发现“关爱女孩行动”这一项目的实施可以使出生性别比下降 12 个百分点。为了获得进一步稳健性的结论，我们还排除了县区异质性、瞒报、移民和试点县区选取标准的影响。通过对地理相邻县区的研究，我们发现“关爱女孩行动”主要是通过经济激励发挥作用，而打击“两非”的行政干预的效应并不明显，这证实了真实经济激励改变生育行为的可行性。通过六普和五普数据的双重差分，我们也证实了“关爱女孩行动”提高了当地女性的受教育程度，其中大专及以上学历女性占比提高了 4.606‰，本科及以上学历女性占比提高了 1.33‰，女性受教育年限显著增加了 0.792 年，提高了试点县区的女性地位。

第 5 章为政府经济激励的微观机制。在本章中，我们关注政府经济激励的微观机制，更加全面深入地分析了“关爱女孩行动”的政策效应，得出更具启示意义的政策建议。本章基于“关爱女孩行动”24 个国家试点单位之一的会泽县，考察试点政策对于会泽县生育女孩家庭收入和社保、医疗的改善效应。研究发现，“关爱女孩行动”的开展，可以使得试点县区女孩家庭的总收入提高 5891 元，家庭的社会保障支出和医疗基金支出分别增加 739.6 元和 112.3 元，与此同时，可以使得试点地区生育女孩家庭的母亲总收入提高 2809 元，母亲的社会保障支出和医疗基金支出分别增加 409.1 元和 48.03 元，说明其对于试点县女孩家庭的政策效应是非常显著的。我们进一步排除了共同趋势假说，并有效排除了当期会泽县其他经济发展优惠政策的干扰。同时，根据家庭中女孩的年龄进行了异质性检验，发现对于试点县女孩年龄在 18 岁及以下的家庭来说，“关爱女孩行动”的政策效应会相对更强。同样地，我们发现“关爱女孩行动”主要是通过经济激励发挥作用，而打击“两非”的行政干预效应并不显著。

第 6 章为市场经济激励与出生性别比再平衡：房价上涨。在本章中，我们关注市场经济激励对家庭出生性别比的影响，基于房价波动所带来的家庭住房财富的变化。本书使用 2002—2009 年的中国城镇住户调查数据和 2001—2008 年的区域经济统计年鉴数据，匹配出一套涵盖丰富的宏观经济指标和微观家庭信息的混合截面数据，建立回归模型，系统考察了房价上涨对调查家庭生育决策的影响。研究发现，房价上涨会促进家庭生育人口数量的增加，这一效应对于30~44岁的育龄女性而言尤为显著。考虑到调查家庭的住房类型，我们发现房价上涨对租房者没有影响，但会显著提高拥有住房者的生育率。我们进一步考察了房价上涨对家庭出生性别比的影响，发现房价上涨可以显著降低家庭孩子的出生性别比，缓解出生性别比失衡，并基于户籍特征、民族情况和住房类型进行了一系列的异质性检验。而为了更好地解决可能存在的内生性问题，我们也进行了工具变量回归，选取地区超过15度栅格比例与历年实际利率的乘积来表示土地供给，并采用土地供给这一指标作为房价的工具变量，Ⅳ的回归结果与OLS的回归结果保持一致，表明房价上涨可以促进家庭生育率的提高，并且对租房者没有显著效应，对拥有商品房的家庭有显著的正向效应，而且可以显著降低孩子的出生性别比，有效缓解出生性别比失衡。

第7章为结论与政策建议。

1.5 研究创新

本书在已有关于出生性别比失衡和经济激励、家庭生育决策等相关文献的基础上，从政府和市场两个层面出发，考察经济激励对家庭生育决策的影响，研究发现来自政府和市场的经济激励，都会影响家庭的生育决策，降低出生性别比，可以有效改善出生性别比失衡现状。本书的创新之处主要体现在以下三个方面：

（1）本书创新性地从政府和市场的经济激励两个角度出发，系统地研究经济激励对缓解出生性别比失衡、改善家庭生育决策的效应。在已有的研究中，很多文献关注经济激励对生育率和出生性别比、生育率和女性就业等相关研究，本书在新家庭经济学的理论框架下，基于真实的经济激励，分别深入考察了政府经济激励与出生性别比失衡缓解、政府经济激励的微观机制以及市场经济激励与出生性别比失衡缓解三个方面，可以说是对相关文献一个很好的补充。

（2）统计数据显示，在中国日益严峻的出生性别比失衡现状下，同时伴随着显著的地区差异，部分省份和农村地区是出生性别比失衡的重灾区。本书手工整理匹配了翔实的县区层面和家庭层面的微观数据、地级市层面的宏观经济变量数据，重点考察政府和市场的经济激励对出生性别比的影响，并进行了一系列细致的异质性检验和作用机制分析，不仅可以为县区出生性别比的相关问题构建起较为完整的研究框架，还可以为政府管理部门治理出生性别比失衡问题提供一些有意义的政策启示。

（3）本书细致地梳理了文献中关于经济激励与家庭生育决策的研究，在政府经济激励或者市场经济激励角度，更多的研究主要关注的是经济激励对家庭生育率的影响。在中国出生性别比严重失衡、政府治理形势严峻的大背景下，考察经济激励对家庭出生人口性别比的影响，无疑更加迫切和重要，本书的研究可以说是一个不错的尝试，来自政府和市场的经济激励，对于有效缓解出生性别比失衡具有一定的启示意义和政策价值。

2 文献综述

出生性别比失衡是一个世界性普遍关注的问题，对于发展中国家而言，这一问题显得尤为重要。国内外众多学者探讨出生性别比失衡可能会对经济社会各方面造成的影响，而出生性别比失衡现象主要发生在东亚国家，有一系列文献专门关注东亚出生性别比失衡背后的文化因素、制度背景以及技术原因等。越来越多的文献发现，出生性别比失衡的背后，根源于家庭的经济动机。进一步地，一些研究发现，来自政府或者市场的经济激励，会影响夫妻的生育决策和出生性别比，进而影响养老、社会保障等相关家庭决策。本章首先对有关出生性别比失衡影响的国内外文献进行回顾；其次详细地梳理总结了出生性别比失衡的直接原因和背后的经济动机；最后从政府和市场两个角度出发，总结了经济激励会对家庭生育决策造成的影响。

2.1 出生性别比失衡的影响

在 1955 年联合国出版的手册Ⅱ中，明确界定了出生性别比的通常值域为 102~107。在人口学的文献中，出生人口的性别比介于 104~107 是正常的（Visaria，1967）。出生性别比失衡会带来一系列严重的经济和社会问题。

首先，出生性别比失衡会对婚姻市场产生巨大的冲击，诱发一些婚姻新模式的出现，如婚龄断层、同族结婚、表亲结婚、跨国婚姻等（Edlund，1999）。对于 1980—2000 年出生的群体，男性比女性高出 2200 万人，高出的人数中约有10.4%的男性无法结婚，社会上出生性别比严重失衡，未婚男性数量过多，会导致性交易和性感染增加，未来会面临严峻的养老问题（Ebenstein and Sharygin，2009）。果臻等（2016）考察中国男性的婚姻挤压模式，主要表现为农村地区超低初婚水平的挤压模式，而农村未婚男性受初婚概率偏低和死亡概率偏高的双重挤压。Yao（2017）关注婚姻市场的性别失衡将如何影响人们第一次结婚的时间，作为中国独生子女政策的放松，一胎半生育政策允许多生育一个小孩，满足这个政策的仅有第一胎生育女孩的农村家庭。出于在更高胎次时对男孩更强的偏好，这项政策会提高父母通过选择性流产生育男孩的动机，并导致20世纪80年代出生性别比的严重失衡，2000年以后婚姻市场上适龄未婚男性过多。文章使用中国2014年CFPS调查数据和2000年第五次人口普查数据，基于不同地区和不同群体之间一胎半生育政策执行的差异，评估出生性别比对第一次结婚年龄的效应，研究发现高出生性别比地区的人第一次结婚年龄会显著延迟，这种延迟效应对于男性和女性都显著。尽管对于女性而言，延迟效应的显著性和大小都会相对更低，女性的第一次结婚年龄也会延迟，是由于在男性过剩的婚姻市场中，女性会设定更高的保守工资标准。董志强和钟粤俊（2016）指出当地区总体性别比过高时，男性在婚姻匹配市场中面临严峻的竞争压力，可以改变该地区家庭对生育男孩的偏好程度。

其次，很多研究关注出生性别比失衡对女性在家庭和劳动力市场上的影响。出生性别比的严重失衡，会增加女性在家庭内部和劳动市场上的议价能力，市场条件对于女性更有优势，女性可以获得更高的报酬（Grossbard，1984，1993）。出生性别比失衡可能会降低女性劳动力的市场参与度，高出生性别比会提高女性未来在婚姻市场上的谈判能力，由于女性在婚姻市场和家庭内部的地位上升，这对女性在劳动力市场的参与度存在很大的负向效应（Angrist，2001）。在出生性别比严重失衡的情况下，“分享规则”会使得女性更有优势（Chiappori，1988；Rapoport et al.，2011）。女性可以获得的收入效应提高，会相应减少女性在劳动力市场上的参与度，而男性在劳动力市场上的参与度将会相应提高（Grossbard and Amuedo

-Dorantes，2007）。在文献中，还有学者的一系列实证研究主要关注生育率对女性时间分配和时间价值的影响（Angrist and Evans，1998；Mroz，1987；Gronau，1973，1977），这些研究普遍面临的一个难题在于，如何找到生育率指标的合适测度变量。还有文献关注生育率对劳动力市场上的工资水平和父亲行为产生的影响（Waldfogel，1998；Hersch，1991；Browning，1992）。在家庭时间分配的模型中，控制生育率的内生性至关重要。有文献尝试联合估计整体生育率对时间分配、非工作时间价值、劳动市场工资等的条件效应，基于两组年龄样本的收入动态追踪调查数据，研究发现小孩对许多家庭决策有显著影响，尽管对于年轻的样本组，外生的生育率很难改变，但对于年龄较大的样本组却是不同的，而如果家庭平均少生育一个小孩，父亲和母亲的工资差异会下降 9.5%（Millimet，2010）。

再次，出生性别比失衡会增加社会犯罪率（Chiapa and Viejo，2012）。一方面，婚姻可以起到维持社会稳定的作用，出生性别比失衡会增加未婚男性的数量，进而引发过多的社会违法行为（Edlund et al.，2007；2010）；另一方面，由于出生性别比失衡主要集中在农村，特别是经济发展较为落后的偏远地区，这会进一步加剧拐骗妇女现象的发生（Hughes et al.，1999；Banister，2004）。生育率的下降导致中国“消失女性”的比重激增，很多适龄男性没有合适的对象结婚，并面临年老时的养老和社会保障问题。中国的婚姻市场上，男性面临非常大的竞争压力，文化程度较低的男性独自生活的比重很高，女性更偏好于前景更好的男性，可以通过婚姻从落后地区向发达地区迁移。结合中国适龄女性缺少以及女性倾向于高嫁的现实背景，有研究发现未婚男性会更多地集聚到落后省份，这些省份受当地财力限制，无法为当地居民提供完善的社会保护，未婚男性在地理上的这种集聚是极具破坏性和分裂性的，中央政府应当加大财政投入，扩大社会保护的覆盖范围，维持社会稳定和谐（Gupta，2010）。Hudson 和 Den Boer（2004）关注亚洲男性人口过多的问题，指出未婚男性过多会阻碍社会和谐稳定发展。

最后，出生性别比失衡还会带来宏观经济的失衡，催生居民储蓄率的逐渐攀升，造成内需不足的困境。魏下海等（2017）基于中国第五次人口普查和2005—2007年工业企业调查数据的研究发现，地区的出生性别比失衡会显著降低该地区企业的劳动收入份额，当地区存在严重出生性别比失衡时，当地居民会相应增加竞争性储蓄，从而导致企业的资本集约度提高，考虑到资本和劳动之间的替代关系，地区出生性别比失衡会导致当地企业劳动收入份额的下降。

2.2 出生性别比失衡的直接原因

出生性别比失衡现象在东亚国家普遍存在，尤其是印度、中国和韩国等（Miller，1981；Coale and Banister，1994）。与欧洲、北美国家相较，这些国家的女性与男性之比基本维持在105甚至更高水平，而同一指标在东亚国家相对很低，主要原因在于营养、健康、社会服务等方面存在的差异，这种对女性的忽视导致东亚国家各个年龄段女性的患病率和死亡率普遍高于男性，造成出生性别比失衡（Sen，1990）。东亚盛行的传统文化观念在这一过程中发挥着重要作用，对男孩的偏好普遍高于女孩，使得性别选择成为一种内生行为，并直接导致了出生性别比失衡（Edlund，1999）。有研究关注生活在加拿大的亚裔移民，发现他们相对于其他地区的移民人口有更高的出生性别比，表明亚洲地区的人口生育文化有持续性影响（Almond et al.，2013）。Fernandez（2007）、Fernandez和Fogli（2009）考察文化因素是否会显著影响生育率。宗族文化强度与当地的男孩偏好和女性发展也显著相关（张川川、马光荣，2017）。东亚地区出生性别比的严重失衡，导致男性结婚和生育后代的可能性降低，可预期到的孙辈数量也会减少。一项研究基于2000年中国的人口普查数据，考察婚姻市场上的性别比是否会影响后代的性别以及出生群体的性别比。大饥荒时期（1959—1961年）缓慢的人口增长以及随后的快速恢复，导致了随后20年中适婚年龄群性别比的显著变化。作者发现婚姻市场上的性别比每提高1%，会导致生育男孩的概率降低0.02%，这表明大饥荒会导致20世纪80年代初期，每 100 个女性多生育 5. 8 个男孩（Xing et al. , 2016）。中国的出生性别比严重失衡，要通过媒体报道等途径，改变整个社会文化中对男孩的偏好，提高公众对于出生性别比失衡问题的关注度和警惕性，政府要规范立法立规，严格禁止非医疗用途的产前胎儿性别鉴定，并加大处罚力度，同时要加大对公共教育、咨询服务、服务传递的投资力度，提高人口数据资料的收集质量（Zeng et al. , 1993）。

不控制小孩生育数量时，父母的偏好不会改变总体出生性别比（Edlund et al. , 2010）。对小规模家庭的偏好可能是出生性别比失衡的一个重要原因，在低生育率的情况下，对于有强烈生育男孩意愿的家庭而言，生育男孩的概率会降低，这些家庭会增加对选择性引产的使用。有研究（Jayachandran，2017）度量印度预期生育率和出生性别比之间的关系，在特定的生育率水平上分析小孩的性别组成偏好，研究发现，当生育率下降时，预期出生性别比会大幅提高，生育率的下降可以较大程度地解释印度近年来的出生性别比上升现象。

一些学者关注我国特殊的国情和政策，将出生性别比失衡归因于我国的计划生育政策（Wang，2012）。1979 年中国政府提出独生子女政策，试图减缓中国的人口增长，认为过快的人口增长会阻碍经济增长和现代化进程，制定了一系列的强制性措施来控制生育率（White，2006）。在生育率控制更加严格的地区，生育率一般会更低，而出生性别比会更高，整体出生性别比的失衡是由于胎儿性别选择技术的不断普及。通过考察不同地区和不同时间对超生婴儿征收罚金的变化，发现罚金征收更高的地区生育率会下降，但出生性别比会相对更高（Ebenstein，2010）。马良等（2016）基于中国综合社会调查（CGSS）数据的研究指出，独生子女的性别会影响家庭生育二胎的意愿，当独生子女第一胎生育的是男孩时，父母生育二胎的意愿会显著降低。在回归分析中分别考察了收入、父亲抚育子女时间、教育开支和房价四个因素的影响，政府要促进二胎政策的实施、鼓励更多家庭生育二胎，就需要增加居民收入和育龄人群的闲暇时间，稳控房价，降低生育小孩的成本，特别是教育方面的支出。Mcelroy 等（2000）基于

1992 年家庭经济和生育率调查（HEFS）的数据进行研究，首次直观地分析了计划生育政策的效应：农村地区人口政策对于生育率的控制具有较强的约束力，城镇地区超生的高额罚款会显著降低出生婴儿数量。Almond 等（2013）则考察中国 20 世纪 80 年代的土地改革制度，研究发现家庭联产承包责任制是导致中国出生性别比大幅攀升的重要原因。

基于计划生育政策效果的研究和日益严峻的出生性别比失衡现状，一些学者关注政策放松和出生性别比失衡改善问题。Ebenstein（2011）通过参数模拟的方法评估政策放松的效应，结果表明通过放松一胎政策、实行三胎政策，可以减少 56%“遗失女孩”的数量，一定程度上缓解出生性别比失衡，但这同时会使生育率提高 35%，加剧人口压力。计划生育政策下有些家庭的一些行为会对出生性别比产生影响，尤其是一胎政策下，中国家庭的规模和结构发生了巨大变化，在预算约束机制的限制下，小孩生育数量和母亲身体质量之间会存在替代权衡关系（Wu and Li，2012）。而对于计生政策及其效果，个体自身的反应也会对生育行为产生影响，一胎政策解释了我国自 20 世纪 70 年代以来，统计数据中 1/3 以上的双胞胎出生数量的增加（Huang et al.，2014）。

Becker（1960）最早使用经济学的分析框架来研究生育决策，他将子女视作具有质量特征的耐用消费品，指出在家庭效用函数中，子女数量和子女质量之间存在着替代关系，即“数量—质量替代”（Quantity-Quality Trade-off，通常简称“Q-Q 理论”）。有学者基于美国的数据来讨论小孩质量和需求之间的关系（Tray，1974），讨论分析了家庭提供小孩照料服务的方式，发现家庭可以通过增加小孩的数量，或者提高已有小孩的资源投入，即改善小孩质量的方式来增加小孩照料服务的提供。在家庭提供小孩照料服务的生产函数中，小孩数量和质量之间被认为存在着替代关系，母亲的收入是其中最重要的影响因素，作者对模型中的主要系数进行估计，用来度量最合理的家庭规模。Hanushek（1992）指出小孩数量和他们在学校的表现之间存在着替代关系，家庭规模会直接影响小孩的成就，先出生的小孩相对会更有优势。Rosenzweing 和 Wolpin（1980）指出需要在家庭效用函数中增加一些结构因素，否则无法从数量—质量替代模型中得出有效的结论。Angrist 等（2010）运用准实验设计的方法，考察小孩数量和小孩质量之间的替代关系。文章研究方法的一个创新之处在于提供了多种工具变量的识别策略，可以获得各类不同水平人们的生育率效应。

Qian（2009）从不同的角度来考察小孩数量和小孩质量之间的关系，她关注中国独生子女政策的放松，会导致家庭规模出现外生变动，进而用来评估家庭规模对于第一个小孩入学的因果效应。研究结果显示，对于有一个小孩的家庭而言，再生育一个小孩会使得第一个出生小孩的入学率显著提高 16%，当这两个小孩的性别相同时，这个效应会更大。在家庭内部考察小孩数量和小孩质量之间的替代关系，常常受限于家庭规模的内生性。Li 等（2008）使用中国的人口普查数据，研究家庭规模对小孩接受教育的影响，发现即便控制小孩的出生顺序，家庭规模和小孩教育之间仍然存在负向效应。作者进一步巧妙地运用双胞胎的数据来验证这一关系，家庭规模对小孩教育的负向影响在农村地区尤为明显，该文认为在发展中国家小孩数量和小孩质量之间存在着替代关系。

一些研究指出，我国出生性别比的不断攀升可能是溺婴和瞒报的结果。很多家庭的女孩本可以健康存活，但父母出于生育男孩的动机，会选择溺婴或者瞒报，从而避免计生政策的约束，相关统计数据会相应显示出高出生性别比，而这一现象会严重威胁女性的健康、安全和福利（Hull，1990）。溺婴和瞒报现象的存在、人口统计资料质量的下降，主要是奖罚性的一胎政策和干部责任制下父母和计生干部共同导致的行为（Merli，1998）。高凌（1995）指出人为的瞒报漏报、统计上的漏登、选择性生育是中国出生性别比失衡的重要因素，而中国有部分生育率水平较低地区的出生性别比依然保持在正常水平，意味着经济的发展、教育的普及和城市化水平的提高，可以有效地转变人们的生育观念。Ebenstein（2007）认为通过杀婴和流产等来实现的性别选择是出生性别比扭曲的主要原因，并排除了生理学的解释（Oster，2005）。作者发现，第一胎出生小孩的性别比是接近于自然生育性别比的，而对于第一胎生育女孩的家庭，后面胎次的性别比急速上升，表明母亲会选择产前胎儿性别鉴定或者溺杀女婴的方式；对于当地政府有严格的生育控制、生育率较低的地区，出生性别比失衡会更加严重。

随着产前胎儿性别鉴定技术的不断推广，一些学者开始研究 B 超的普及与出生性别比失衡之间的关系。以中国台湾地区为例，堕胎的合法化可以提高男性的出生比例，改善家庭的生育组合，同时可以减少新生女婴的相对死亡率，导致出生性别比升高。在该情况下，偏好男孩的父母会在产前和产后性别选择之间进行权衡，而政策制定者要遏制选择性流产，就需要制定配套的激励政策，鼓励家庭生育和投资女孩（Lin et al.，2008）。基于中国福建省县级层面的研究可以得到一致的结论：B 超设备的推广普及会显著提高该地区的出生性别比，而这种效应对于因第一胎为女孩而生育第二胎的农村家庭而言尤为显著（Li and Zheng，2009）。有学者关注我国出生婴儿性别比的实际状况，以期判别我国出生婴儿性别比属于“真性偏高”还是“虚假偏高”，主要是运用教育统计资料进行分析。研究发现在人口统计出生婴儿性别比偏高部分，女婴漏报因素占 23.97%，而人为的性别选择因素占 76.03%，推断出选择性人工流产是我国出生婴儿性别比失衡的主要因素（徐岚、崔红艳，2008）。有学者指出，在没有外在干预的情况下，出生性别比和人口性别比在人类发展的进程中应该是较为稳定的，当然也会出现一些波动，比如受战争的影响。而传统文化中对于男性的偏好，严重扭曲了亚洲和北非很多地区的自然性别比，这种对男孩的偏好主要体现在选择性流产和生活照料中对女孩的歧视，并导致了过高的女性死亡率。1990 年初期的报告指出，发展中国家“消失的女性”已达到 1 亿，整个社会提倡改善女性的生存环境和健康状况，但 20 世纪 80 年代中期开始推广的 B 超技术使得低成本的胎儿性别鉴定成为可能。据估计，仅在印度和中国，就有 8000 万左右“消失的女性”。而由于人为的性别选择，大量男孩出生且很多处于社会经济状况较为困难的家庭，在出生性别比严重失衡的状况下，未婚的适龄男性数量激增，并可能导致一些反社会行为和暴力行动，危害社会的稳定和谐，所以要提高社会公众对于出生性别比失衡问题的重视度（Hesketh and Xing，2006）。Valente（2014）基于尼泊尔的一项研究发现，合法堕胎中心的不断普及，会降低小孩出生的概率，但对新生儿健康可观察到的投资没有显著效应，也不会导致更多的性别选择，这个研究与以往研究不同的是，作者比较的是堕胎中心普及前后，一个母亲对待孩子们之间的行为变化。

有一部分文献试图从生理学角度来解释东亚地区的出生性别比失衡现象。Oster（2005，2006）的研究指出，乙肝病毒的感染可以解释75%中国在20世纪八九十年代出现的“消失的女性”现象，这一研究受到了学术界的极大关注，这一论证是基于前人的一些微观研究，认为携带乙肝病毒的女性会有更高的概率生育男孩（Chahnazarian et al.，1988）。而在已有的研究中，很多文献指出中国“消失的女性”很大程度上是由于传统文化中对男孩的偏好，并可以通过产前胎儿性别鉴定来实现家庭生育的性别选择。如果Oster的研究结论是正确的，中国的政策制定者可以通过广泛实施乙肝疫苗接种来缓解出生性别比失衡问题，而不需要极力推进相关措施，尝试降低人们对于男孩的偏好。不幸的是，这一观点与人口普查的调查数据相悖（Zeng et al.，1993）。Gupta（2006）针对Oster（2005，2006）的研究进行了回应，对解释亚洲“消失的女性”的文化因素和生理因素进行了总结分析。有研究使用中国台湾地区的数据来研究乙肝病毒对出生性别比失衡的效应，作者指出携带乙肝病毒的母亲生育男孩的边际概率为0.001~0.0025，这一概率并不会随着出生顺序和已生育小孩性别组成的变化而变化。假定有15%的母亲是乙肝病毒携带者，这一疾病至多可以将出生性别比从基准线105提高到105.165，因而作者认为母亲是乙肝病毒携带者对其后代性别比以及“消失的女性”的影响是很小的。进一步，作者发现，对于第三胎及更高胎次的小孩，尤其在前两胎生育女孩的家庭，第三胎生育男孩的概率为0.02，可以将出生性别比从基准线105提高到115（Lin and Luoh，2008）。

2.3 经济激励与生育决策

Malthus 在 1798 年就开始关注家庭的生育决策以及生育决策如何受到经济激励的影响。缓解出生性别比失衡现状、加快实现人口转型，对于中国经济社会的长足发展至关重要，本部分从政府和市场两个角度出发，对经济激励如何改善出生性别比失衡和家庭生育决策进行了详细的梳理总结。

2.3.1 政府经济激励与生育决策

早在 20 世纪 90 年代初期，印度有几个地区就开展了财政奖励计划，以期降低父母对男孩的偏好，鼓励家庭增加对女孩的教育和健康投资。Sinha 和 Yoong（2009）研究了印度哈里亚纳邦的一项行动“我们的女儿我们的财富”，自 1994 年以来，当地满足条件的父母，如果他们生育一个女孩，就可以被提供财政奖励，这项财政奖励计划包括即付的现金奖励和长期的储蓄债券，以及额外的教育津贴。尽管没有具体的项目参与数据，作者仅使用地区层面的家庭调查数据，研究结果表明，这项财政奖励计划对于已出生小孩的生育率有显著的正向效应，但对于母亲生育女孩偏好和总体预期生育率的影响尚不确定，家庭会增加对女孩出生后的健康投资，对女孩接受的教育也有一定的改善效应。当社会普遍更加偏好男孩、容易获取产前胎儿性别鉴定技术时，低生育率往往伴随着高出生性别比，Anukriti（2014）试图运用印度的数据来印证经济激励能否改变这种替代关系。作者构建了一个模型，其中经济激励的效应是由对男孩的偏好程度、生育小孩的成本、性别选择的成本、经济激励的力度等共同决定的，研究发现印度的这项支持计划使生育小孩的数量减少了 1%，但这主要是通过女孩数量的减少来实现的，当面临生育男孩还是女孩的选择时，尽管可获得的经济利益减少，父母还是更倾向于生育男孩，导致出生性别比攀升，表明政府提供可以负担家庭 10 个月平均消费支出的补助津贴并不足以完全改变父母对男孩的偏好，这项计划将覆盖的生育一个男孩夫妻的比重提高了 5%，而生育一个女孩夫妻的比重仅在社会经济状况较差的群体中有所提高。

一些学者基于女性工资福利和税收优惠政策，考察经济激励对家庭决策的影响。1999 年英国开展工薪家庭税收抵免行动，鼓励有小孩的低收入家庭进入劳动力市场，但税收抵免政策可能也会产生一些意料之外的副作用，提高了这些家庭照料小孩的成本。有很多研究关注工薪家庭税收抵免政策对女性劳动力供给的重要性，但评估其对于英国家庭生育影响的研究很少，Ohinata（2011）运用 1991—2003 年英国家庭的面板数据，运用双重差分法识别工薪家庭税收抵免的政策效应，研究结果显示，容易满足税收抵免政策的家庭会更倾向于缩短他们的生育时间，强调了政策对于生育时间的重要性。尽管通过经济激励来提高生育率已经是比较常见的做法，但这类政策的效应一般难以评估。Laroque 和 Salanie（2014）提出了一项识别策略，考察工资变动所带来的福利变动和税收抵免变动，运用法国劳动力市场调查的个体数据和税收福利系统数据，构建了一个女性劳动参与和生育率的离散选择模型，研究结果表明经济激励对于生育决策有显著的正向效应。还有文献关注西班牙 2003 年的个人所得税改革，考察所得税改革对生育率和有幼小孩子母亲就业率的影响，这项改革为有 3 岁以下小孩、在工作的母亲提供税收减免，对所有有小孩的家庭增加儿童减免。研究发现这项改革使得生育率和有 3 岁以下小孩母亲的就业率显著提高，这个效应对于受教育程度较低的女性会更加显著。为了进一步区分两种改革的效应，作者考察了 1999 年的增加儿童减免改革。研究发现，增加儿童减免对母亲的就业率有负向影响，这意味着如果不增加儿童减免，2003 年的所得税改革能够导致母亲的就业率提高更多（Azmat and Gonzalez，2010）。很少有实证研究从家庭层面来评估生育率对经济激励的敏感度，Laroque 和 Salanie（2008）基于工资变动会影响津贴和税收抵免的经验事实，构建了一个女性劳动参与和生育率的离散选择模型，研究结果表明，经济激励在法国家庭的生育决策中发挥着重要作用，对于第一胎和第三胎这种效应都存在。

产假福利改革和儿童照料补贴也是本书在文献中非常关注的两个方面。在研究经济激励对于生育率的影响时，有学者关注德国的产假福利改革。2007 年前，德国的产假福利主要面向的是低收入家庭；2007 年之后，产假福利面向所有母亲，提高了女性的预产收入。这项改革显著提高了生育小孩的经济动机；研究发现，产假福利改革的法案通过以后的 9 个月中，整体的月出生率有了较大的不连续跳跃，在这个断点以后，生育率保持着上升趋势；研究关注产假福利对生育率影响的因果效应，发现产假福利提高对生育率有显著的正向效应，主要是由中高层次女性的教育和收入分配所决定的；产假福利提高带来的收入增加，可以部分补偿女性生育小孩的机会成本，可以有效地提升高技能和高收入女性的生育率，在一定程度上降低不同受教育程度和不同收入女性之间的生育率差异（Raute，2014）。有学者基于英国 1999 年的福利改革行动，研究福利改革对生育率的影响，这项行动的开展使每个小孩的实际支出增加了 50%，作者采用 DID 的研究方法，这项行动针对低收入家庭，因为机会成本效应的存在，福利改革对于已婚女性和单身女性的生育率影响是不同的，可以导致前者的生育率提高 15%左右（Brewer et al.，2010）。产假和儿童照料补贴是缓解女性家庭生活和事业的主要家庭支持政策，Geyer 等（2015）评估这些政策对有幼小孩子母亲的就业效应，该文构建了一个结构性劳动力供给模型，基于德国产假改革的准自然实验，研究发现产假福利和儿童照料补贴的组合政策可以为母亲带来较为可观的就业效应。

要探讨儿童补助对生育率的效应，值得关注的是 Whittington 等（1990）的一项研究，文章指出，基于时间序列分析，针对儿童的税收优惠政策对生育率有很大的正向效应。Crump 等（2011）对这一研究进行了拓展延伸，结果发现并未找到显著的证据来论证模型的设定结论，并指出即便模型的原始假定是合理的，在对儿童税收优惠政策更一般性的度量中，这一研究结论也并不稳健。Cohen 等（2013）基于以色列 1999—2005 年 30 多万名女性的面板数据，考察以色列小孩享受补助的变化，识别生育小孩的边际成本的变化对生育率的影响，研究发现价格效应显著为正且与经济理论保持一致，影响生育率的收入效应较小，在低收入水平的效应为负，而在高收入水平的效应为正。文章还特别考察了高育龄女性的生育率，表明整体效应部分是总体生育率的减少导致的。

小孩照料和母亲就业率之间存在着显著的相关关系，Havnes 和 Mogstad（2011）关注挪威的小孩照料资助行动，构建了一个分期扩展模型，DID 的估计结果表明：小孩照料资助与母亲就业之间虽然有显著的相关关系，但因果效应却很微弱，小孩照料资助的提供并未增加女性的劳动力供给，但很大程度上挤出了私人的小孩照料服务机构。有学者通过建立女性就业和生育率的结构模型，以解释这两者之间跨时期的反馈效应。为了识别经济激励对就业和生育率的效应，作者关注税收和转移支付体系的变化，它们因就业状况和小孩数量不同而有区别。这一模型提供了对女性结构性偏好的估计，可以用来研究各种政策改革的影响，研究结果表明，以参加就业为条件，增加儿童的照料补贴，会增加所有女性的劳动供给，以及无子女和受过高等教育女性的生育率（Haan and Wrohlich，2011）。还有研究关注生育小孩的边际成本和家庭收入的变化对于生育率的影响（Cohen et al.，2007），作者建立了一套以色列已婚女性的大型微观个体数据，基于以色列的儿童补助计划，研究发现生育小孩的边际成本降低、家庭收入提高对于生育率有显著的正向价格效应，这种正向效应对于不同宗教和种族都满足，而儿童补助对于上层的收入分配没有影响，最后与已有研究结论相一致的是，在低收入水平时，收入效应很小且为负，而在高收入水平时有正向的收入效应。

“养儿防老”动机在出生性别比严重失衡的东亚国家不容忽视。Ebenstein 和 Leung（2010）在文章中指出，父母对男孩的偏好主要出于三方面的动机：首先，对于父母而言，男孩可以提供更高的劳动收入；其次，中国的土地全部归国家所有，女孩结婚后会加入丈夫的家庭，生育男孩使父母可以有机会获得土地的经济收益；最后，父母普遍认为生育男孩能够为自己提供更好的养老保障。两位学者主要关注的是养老保障问题，基于中国 1991 年开始在农村实行的养老金项目，运用 2002 年中国家庭收入调查的数据研究发现，未生育儿子的父母会更倾向于参与养老金项目，更倾向于为养老而多储蓄，这表明对男孩的偏好有一部分原因是对养老问题的担忧。进一步地，作者发现在控制平均受教育水平、从事农业活动比例等影响出生性别比的因素后，实施养老金项目的县区出生性别比的上涨会相对低9%，这也给我们提供了一定的政策启示，对养老金项目的进一步推广可能会缓解出生性别比失衡的效应。有数据显示，政府养老金投入的增加与生育率的下降保持着高度相关，Boldrin等（2015）运用两个模型（Barro and Becker，1989；Boldrin and Jones，2002）来探讨这一问题。在Barro和Becker（1989）的模型中，父母生育子女是因为他们将子女视为他们生命的延续，在这一模型中，政府提高养老金投入对生育率的影响是微乎其微的，与已有的实证结论不同。在Boldrin和Jones（2002）的模型中，父母生育孩子是因为子女会关心他们年老时的效用，为他们提供养老保障，在这一模型中，政府增加养老金的投入对生育率的影响是非常显著的，可以在很大程度上解释欧洲和美国生育率的差异。在这个模型中，另一个影响生育率的关键变量是资本市场的参与度，也可以在一定程度上解释发达国家发展过程中生育率的变化。

一些学者关注中国出生性别比失衡下女孩的生存状况和政府可以采取的干预政策。整体而言，重男轻女的传统观念在中国依然存在，较多家庭相对更加注重对男孩教育、医疗等各方面的投入，政府可以制定一系列措施，如“关爱女孩行动”，改善社会和文化环境，提高家庭对女孩的偏好，改善女性的社会地位（Li，2007）。政策方面可以具体从社会环境、经济发展、家庭需求、个人观念、行政力度和技术水平等方面制定措施缓解出生性别比失衡问题（Zheng，2005）。值得注意的是，出生性别比平衡政策的效应发挥一般会存在时滞，并且只有恰当的干预政策可以缓解出生性别比失衡（Golley and Tyers，2014）。

2.3.2 市场经济激励与生育决策

在上一小节中，本书详细梳理了来自政府的经济激励将如何影响家庭的生育决策，具体包括财政奖励扶持、工资福利改革、税收优惠政策、产假福利改革、儿童照料补贴等方面。在这一部分，我们从市场层面出发，考察市场经济激励对生育决策的影响，主要关注的是住房价格波动将如何影响家庭的生育决策。房价波动和消费上涨保持着高度的一致性，学术界对于这一联系提出了三个假设：房价上涨提高了住房的价值，进而导致消费上涨；房价上涨会提高住房所有者可抵押品的价值，降低了他们的信贷约束；房价和消费受某些共同因素的影响。作者基于微观数据的研究发现，相对于年龄较大的家庭而言，房价和消费之间的联系对于年轻人会更强，这一发现与财富效应相矛盾，作者认为因果效应是解释房价和消费之间关系的最重要因素（Attanasio et al.，2009）。在一般性的研究框架中，我们将孩子视为家庭的正常耐用消费品，有一系列研究考察住房价格变动对家庭生育决策的影响。

Lovenheim 和 Mumford（2013）使用住房市场的变化来度量家庭财富的变动，通过动态收入面板调查的数据，研究发现家庭财富每上涨 10 万美元，生育孩子的概率会提高 16%~18%，房价上涨对租户的生育率没有显著效应，但住房财富的变动会提高总体生育率。Dettling 和 Kearney（2014）研究美国大城市的房价如何影响家庭的生育决策，作者假定房价上涨对生育率有负向的价格效应，而对于住房拥有者而言，房价上涨会提高他们的房产净值，对生育率有正向效应，研究发现短期房价的上涨会导致租房者的生育率下降、住房拥有者的生育率上升，考虑到平均住房拥有率，房价每上涨 1 万美元会使得总体生育率提高 0.8%，房价上涨对生育率的净效应在不同群体间存在差异，相较于对生育率的影响，房价变动对失业率的影响会更弱。

Mizutani（2015）试图从实证角度来考察日本家庭资源变化如何影响生育决定，关注的是房地产市场崩盘时期住房财富的变化。研究结果表明，当住房价值上涨时，有住房贷款的房屋所有者更可能生育小孩，而对于没有住房贷款的房屋所有者和租户而言，住房财富变化对生育率决定并没有显著的效应，进一步的研究发现，这一效应并不是由当地的微观经济因素所导致的。Aksoy（2016）运用工具变量方法，考察房价对生育率的影响效应，使用的是英国县一级的数据，结果表明：房价每上涨10%，会导致住房拥有者的生育率提高2.8%，租房者的生育率下降4.9%；考虑到平均住房拥有率，净效应为整体的生育率下降1.3%。文章进一步指出，对于住房拥有者的正向效应主要是由年龄较大的群体决定的，而对于租户的负向效应主要是由20~29岁的群体决定的，房价对生育率的效应在不同地区之间和不同特征人群中也有差异。总体来说，当地的住房市场条件可能会潜在地改变一个国家的年龄结构和人口结构的动态变化，包括很多新兴市场和转型国家。易君健和易行健（2008）在标准的新家庭经济学生育率方程中纳入了房价指数，他们基于中国香港1971—2005年的数据研究发现，房价指数每上涨1%，会导致总和生育率显著下降0.45%，这一研究结论非常稳健。

Kulu（2007）关注住房类型对生育率的影响以及生育模式的变化，在文献中，关于家庭财富变化对住房选择的影响已有长足的研究，但对于不同住房类型下生育模式的研究较少，而住房无疑是生育率的一个重要决定因素。基于芬兰数据的研究表明，不同住房类型家庭之间的生育率水平有显著差异，在控制女性的人口和社会经济因素后依然显著。文章进一步的研究表明，不同住房类型家庭生育率的变化是一种选择性的迁移，长期生活在宽阔的住房和友善和谐的家庭环境中，会导致更高的生育率。Atalay等（2017）基于澳大利亚住房价格的地理变化，研究住房财富对生育率相关决策的影响，研究发现住房价格的变化会显著影响住户的生育结果和生育计划，对于住房拥有者而言，房屋价值每上升10万美元，生育小孩的概率会提高7.5%，会使生育小孩的意愿提高2.5%，住房财富对于生育率的这种正向效应很大程度上是由30多岁的女性导致的，这些女性一般至少有一个孩子，并且有稳定的婚姻关系。Wei等（2017）将房屋所有权视为房价的一种地位商品，更准确地说，如果一个家庭的住房财富相对于其他方面而言，属于在婚姻市场是否有吸引力的一个重要关注指标，就会激励人们去购买面积更大、价值更高的房产，文章的研究结果与地位竞争假说相一致。

有研究关注在中国，生育率如何通过代际财富转移来影响房价，并建立了一个世代交叠模型，试图阐释代际财富转移的机制和不同代际生育率对房价的影响，首次从理论上论证了代际财富转移对房价的正向效应，这种财富转移会受到前面代际生育率和住房组成的影响；实证结果也对理论思路进行了很好的验证，中年一代的生育率每下降1%，会导致向年青一代财富转移的增加，进而使得房价上涨0.391%，同样地，这个效应对老年一代的生育率也依然满足（Huiet al.，2016）。Davidoff（2010）研究房屋资产将如何替代长期的护理保险，老年人普遍以房产的形式持有大量财富，除非转移到长期护理机构，对于房产的信赖可能会大大减少长期护理保险的需求。生育率的持续下降正逐渐成为困扰世界各国的问题，政府采取了一系列措施来缓解生育率下降和日益突出的老年人养老问题。很多学者从人口学的角度来探讨这一问题，但并未完全阐释清楚人们的生育行为之谜。有学者试图基于中国香港的实际情况，厘清生育率、房价和老年人养老之间的关联，研究结果表明，房价上涨1%会导致生育率下降0.52%，而老年人口增加1%会导致生育率下降1.65%，文章的研究结论不仅可以分析生育行为，还可以提供一定的政策启示，尤其是对于迫切需要改善低生育现状的国家和地区（Hui et al.，2012）。

人口转型被视为社会从停滞向增长转型的主要推动力，有学者考察了可能导致人口转型的多种机制，并分别研究它们在推动经济社会转型发展进程中的潜在作用（Galor，2004）。工业化国家都会经历从高出生率、土地集约型生产向低生育率、可持续性增长发展的转型过程，为了更好地理解经济发展和人口转型以及它们之间的联系，有学者结合结构变化模型和家庭的生育决策模型构建起一般性均衡框架（Bar and Leukhina，2010）。李树茁和果臻（2013）的研究指出，中国人口性别结构的演变特征会随着出生性别比、死亡率的性别差异和年龄结构的变化而变化，中国长期以来的出生性别比失衡会导致整体人口性别结构的严重失衡，而人口年龄结构的加速老化对改善失衡的人口性别结构发挥着越来越重要的作用。

在现阶段，中国依然面临着严峻的出生性别比失衡问题，而出生性别比在人口结构转型，乃至经济社会发展中都扮演着重要的角色。本章对相关文献进行了细致的梳理总结，具体包括出生性别比失衡的影响、出生性别比失衡的直接原因、出生性别比失衡的经济根源以及经济激励与生育决策。

在本书的研究中，我们主要关注的是出生性别比失衡背后的经济因素，进一步地，本书创新性地从政府和市场两个角度出发，关注真实经济激励将如何影响家庭的生育决策。在政府经济激励方面，本书不仅考察了经济激励对家庭生育决策的影响，更进一步考察了政府经济激励背后的微观机制。在市场经济激励方面，文献中的很多研究主要考察房价变动对家庭生育率的影响，本书采用翔实的微观数据全面考察了房价上涨对家庭生育决策的影响，包括生育率和出生性别比，这些方面可以说是对现有文献一个很好的补充。

3 理论回顾

3.1 家庭生育行为的微观基础

通常情况下，家庭的小孩需求模型都满足以下特征：第一，存在时间约束的情况下，在劳动力市场和非劳动力市场之间的时间分配是内生的，这对于母亲来说尤为重要，因为她们从事的一些工作可能无法与小孩照料合理地协调。第二，家庭的生育行为和经济行为取决于人力资本和物质资本存量。第三，劳动技能培训、移民、婚姻、小孩、退休储蓄可以被视为长期的或者潜在可预期的生命周期条件，不易受到一些暂时性波动的影响。在一般化的家庭需求模型中，对不同类型的关系和变量的分类有清晰的阐述，但在不受条件限定的模型中，很少有假定可以通过实证分析来进行验证。但与很多概念性框架一致，在现有模型的框架下，开展实证研究是很多学者关注的重要方面。在本书的研究中，我们重点关注的是家庭行为中的生育决策问题，在这一部分，我们将梳理总结家庭生育行为的微观理论基础，重点关注了数量—质量替代理论和时间分配理论两个方面。

3.1.1 数量—质量替代理论

Becker（1960）最早将家庭的生育行为纳入经济学的研究框架中。他假定父母可以控制家庭生育小孩的数量和不同胎次小孩之间的时间间隔，对于大多数父母而言，小孩被视为正常的耐用消费品，但有别于住房、汽车等传统的耐用消费品。首先，小孩可以为父母提供效用，无差异曲线的形状取决于对小孩的相对偏好，而对小孩的偏好，反过来由家庭所在地区、种族、年龄和喜好决定。在这个研究框架中，生育率的差异和“经济”因素不相关。其次，对于每个家庭而言，不仅要决定生育小孩的数量，还要考虑对每个小孩的资源投入，包括是否需要提供单独的卧室、送他们去幼儿园和私立学校、让他们参加舞蹈课程培训等。文中将父母资源投入更多的小孩视为高质量小孩，自愿地为一个小孩投入更多资源，是因为父母从额外的支出中享受到了额外的效用，这个增加的效用我们就视为质量更高。最后，家庭面临严格的预算约束，当收入增加时，花费在商品上的平均量会增加，但并不意味着花费在每件商品上的数量都会增加，考虑到小孩的商品属性，长期来看，投入在小孩身上的收入会增加。因此，收入的增加会导致小孩数量的增加和小孩质量的提高，但数量的变化弹性相较而言要小于质量的变化弹性。

另外，Malthus 指出收入的增加会对家庭规模产生相对更大的增加效应。收入的增加可以降低小孩的死亡率，确保更多的小孩可以在幼年时代存活下来，如果生育数量的减少不足以抵消小孩死亡率的下降，平均每个家庭生育小孩的数量就会增加。还有一个重要的观点是，收入的增加可以促使人们更早地结婚，会带来生育率的提高。

在 Becker 的分析框架中，一般化了 Malthus 的观点，将小孩数量和小孩质量联系起来。他认为，在现代社会，数量弹性可能是正的，但很小。这一观点有别于 Malthus 的原因在于：首先，小孩的死亡率已经降到较低水平，一般意义上收入的增加对出生群体中存活小孩数量的影响甚微。令人困惑的是，即便小孩死亡率大幅下降，也会对家庭规模产生显著的效应，即小孩死亡率的下降会导致出生数量的相应减少。其次，可以通过避孕等方式控制生育行为，极大地降低生育控制的精神成本，收入的增长并不必然导致生育率的提高。

原则上，小孩的净成本可以简单地计算出来，应该是预期花费的现值，加上父母照料的估算价值，再减去预期现金回报现值和小孩服务估算价值之和。如果小孩的净成本是正的，小孩总体来说是一种耐用消费品，父母可以从他们身上获得精神收益或者效用。如果小孩的净成本是负的，小孩变成耐用生产品，父母可以从他们身上获得金钱收入。父母可以根据自身的喜好、收入和价格，选择小孩的质量。对于绝大多数家庭来说，在小孩身上花费的净支出都是非常大的。

生育小孩成本的变化，可能是由于给定的质量下小孩成本发生变化，比如受食物价格或教育费用的影响。实际收入的长期变化和其他因素导致了小孩支出的长期增加，也就是小孩成本的增加。小孩成本增加时，由于小孩质量的提高，在小孩身上的花费不会出现相同程度的增加，父母会为小孩提供更好的衣食住行条件和受教育条件。同样的道理，对于富裕的父母和贫穷的父母而言，小孩的价格是一样的。因为富裕的父母在选择高质量小孩的同时，也会选择高质量的其他商品。

有观点认为，社会压力会促使富裕家庭增加对小孩的支出，即增加小孩的成本，并认为这可以解释为何富裕家庭生育的小孩数量会相对更少。但由于在市场上，所有商品的成本都是给定的，不会受社会压力的影响，但可以改变选择的商品集。换言之，社会压力可以通过影响无差异曲线的结构，进而改变个人的行为，而不是通过影响成本。社会压力可能会影响家庭对小孩需求的收入弹性，而不是需求的价格弹性，因此成本和数量之间的负向相关关系无法解释为何富裕家庭的小孩数量相对更少。进一步，在经济学的分析中，并没有相关研究可以证明社会压力会使小孩需求的数量收入弹性为负。因此，Becker 的结论是小孩数量的收入弹性相对很小，但为正；小孩质量的收入弹性相对更大，这与强调社会压力的研究保持一致。

假定实际收入保持不变，不同质量的小孩价格都有相同程度的下降。尽管在经济理论的分析中，已经指出消费的小孩“数量”会增加，但并没有深入研究小孩的数量和质量最可能如何变化，也很少有研究关注价格和数量之间的关系。

文中进一步对小孩的供给问题进行了分析，对于绝大多数家庭而言，他们消费的主要商品都不是自给自足的，但小孩却只能来源于家庭供给。尽管父母不能够准确预测生育小孩的性别、智力和高度，但就整个国家层面来说，小孩这些特性的分布是相对稳定的。由于不确定性的存在，有必要区分实际效用和预期效用。假定一组父母从男孩身上获得的边际效用为 U_m，从女孩身上获得的边际效用为 U_f，多生育一个小孩的预期效用为：$EU=PU_m+(1-P)U_f\cong\frac{U_m+U_f}{2}$，其中 P 代表生育男孩的概率，近似等于 0.5。考虑家庭平均单位的预期支出，当从多生育的小孩身上获得的预期效用超过其他形式支出的效用时，父母会倾向于多生育小孩。实际的效用可能是 U_f 或者 U_m，只要满足 $U_f\neq U_m$，那么实际效用和预期效用 EU 就是不同的。

将消费和生产问题结合起来分析时，值得注意的是，一个家庭的小孩数量不仅取决于收入和价格，还取决于父母的生育能力。家庭期望生育的小孩数量和实际数量之间会存在一定的差别。当社会上缺乏对避孕行为的认识时，已婚女性平均生育的小孩数量是非常高的，这表明对于一般家庭而言，更常见的情况是生育小孩数量过多。每个家庭都尝试实现生育小孩的实际数量最大限度地接近于他们的期望数量。有过多小孩的家庭会减少其他商品的消费，尤其是小孩数量的一些近似替代商品。由于小孩质量相对小孩数量是一个近似替代品，生育小孩数量过多的家庭，相对于其他相同收入水平和喜好特征的家庭而言，会减少在每个小孩身上的花费支出。相应地，避孕常识的不断推广，可以改善小孩的质量，同时减少生育小孩的数量。

Becker 通过细致的理论和实证分析，指出小孩属于耐用消费品，小孩价格的上升有两个可能的原因：第一，父母生育高质量小孩的需求增加；第二，生育质量相同小孩的投入成本增加。家庭生育率和父母对小孩投资之间的反向关系，被称为“数量—质量替代关系”。当对生育行为的投入增加时，一般视为对小孩数量和质量的产出都有贡献，而在一定程度上，小孩的数量和质量都属于父母生育决策的范畴，对小孩投入的成本并不是外生的，它本身就是一个需要决策的变量。小孩数量和小孩质量之间是一种替代关系，而不是因果关系，在两者之间进行权衡时，面临着相同的消费者预算约束（Becker and Lewis，1974；Becker and Tomes，1976）。

Willis（1974）假定有小孩服务（S）这一产出，小孩数量（C）和小孩质量（Q）都满足线性齐次家庭生产函数，小孩的质量包括教育 E 和健康 H。家庭面临的预算约束模型为：$F=\pi_s CQ+\pi_g G$。其中 G 表示其他商品组合集，π_i 表示对应的商品 i 的影子价格，包括市场投入和时间投入。小孩数量和小孩质量的边际成本取决于父母对小孩服务其他维度的需求，边际成本分别为$\frac{\partial F}{\partial C}=\pi_s Q$，$\frac{\partial F}{\partial Q}=\pi_s C$。

这一设定包含了在预算约束下不同商品之间的相互作用，父母将小孩数量和小孩质量视为替代关系，并且他们不认为小孩的质量之间有区别，会平等地对待所有的孩子。在 Becker 和 Willis 的研究框架中，这一设定与早期关于消费支出的研究有一定的区别，早期的研究认为小孩的数量和质量各自受收入的影响而发生变化（Theil，1952）。

通过对相关理论的回顾，Becker 提出的数量—质量替代理论，从微观家庭的研究视角出发，开创性地将父母收入及家庭对孩子质量和数量的需求结合起来，父母进行家庭决策时，基于对效用最大化的追求，父母收入的变化会对家庭的生育率产生影响，构建了收入影响生育行为的微观机制，为以后的一系列关于生育决策的理论研究和实证研究奠定了理论基础。

3.1.2 时间分配理论

在文献中，有一些研究从时间分配角度出发，分析家庭的生育行为。相对于工作时间而言，非工作时间的分配和效率对经济社会福利可能更加重要。长期来看，人们会减少投入在工作上的时间，一部分是因为年轻人越来越倾向于推迟进入劳动力市场，延长受教育时间。很多学者关注接受教育的过程中相对损失的收入，更一般意义上，关注各种人力资本投资。

非工作时间的使用相对变得复杂化，一些闲暇活动的成本应该为它们在市场上的价格与花费时间的价值之和。换言之，与教育的情况相同，在讨论各种非工作时间的使用方式时，需要考虑间接的时间成本。

有一些研究尝试将时间成本的概念系统性地纳入非工作活动的决策中。Mincer（1963）通过一些实证案例的分析指出，当忽视时间成本概念时，对不同商品需求收入弹性的估计是有差异的。Owen（1964）分析当忽视时间成本时，对闲暇的需求会受到何种影响。Dean（1963）基于一些非洲国家的数据，考察时间在生计工作和市场参与之间的分配。Becker（1965）关注时间在教育、培训和其他形式人力资本上的投入使用，尝试在所有的非工作活动中，建立起一个一般化的时间分配处理模型。

在传统的理论中，家庭在满足资源约束条件 $\sum p'_i y_i = I = W + V$ 下，实现效用最大化的函数形式为 $U=U(y_1, y_2, \cdots, y_n)$，其中 y_i 代表在市场上购买的商品，p'_i 对应于它们的价格，I 表示金钱收入总和，W 表示工资，而 V 代表其他收入。研究的出发点在于要系统地结合非工作时间。假定家庭可以结合时间和市场上的商品，生产出更多的基本商品，并直接进入他们的效用函数。这样的商品包括睡眠和玩乐等，它们被定义为 Z_i，满足 $Z_i=f_i(x_i, T_i)$，其中 x_i 表示市场商品矢量，T_i 代表在生产 i 商品的过程中，投入的时间矢量。值得注意的是，T_i 表示一个向量，在白天和工作日投入的时间应该区别于在晚上和周末投入的时间，T_i 的每个维度对应了时间的不同方面。一般意义上，Z_i 关于 x_i 和 T_i 的偏导数系数应该是非负的。

在这个设定下，家庭既是生产单位，又是效用最大化者。他们通过生产函数，运用时间和市场商品的组合，生产出基本的商品 Z_i，与传统的概念一致，父母要选择一个最优的商品组合，从而最大化家庭的效用，此时的效用函数为：

$$U=U(Z_i, \cdots, Z_m) \equiv U(f_1, \cdots, f_m) \equiv U(x_1, \cdots, x_m; T_1, \cdots, T_m)$$

此时的预算约束可以表示为：$g(Z_i, \cdots, Z_m) = Z$。研究的一个基本目标是找到 g 和 Z 的度量变量，促进实证研究的发展。Becker 进行了一系列详细的推导论证，研究发现，在均衡状态时，总收入机会曲线的斜率等于边际价格之比，而边际价格等于无差异曲线的斜率，也就是边际效用。

时间分配理论为家庭不同活动中的时间分配提供了理论依据。假定家庭既是生产者，又是消费者，他们遵循传统企业理论中的成本最小化原则，通过市场产品和时间的投入组合来生产商品。商品的效用函数受价格和资源的约束，在满足效用最大化的条件下，决定生产商品的数量。在研究中，分别考察了工资、其他收入、产品价格、工作生产力和消费时间对时间分配的影响。在每个商品的生产函数中，当时间更加昂贵时，一些产品会被替代，部分产品密集型的商品会被时间密集型的商品替代。两种替代品都要求减少花费在消费上的时间，而将更多的时间投入在工作上。由于时间的再分配会同时影响产品和商品的再分配，家庭在这三者之间的选择是密切相关的。时间分配理论在研究与家庭相关的很多决策中有广泛的应用，在本书的研究中，我们重点梳理了时间分配理论在生育行为中的运用。

在生育需求模型中，假定小孩可以为父母带来效用的增加，而父母可以在一定程度上控制生育小孩的数量（Becker，1960；Coale，1973）。假定只有两种不同的商品可以为父母带来效用，分别是小孩和其他商品的组合集，定义小孩和其他商品的生产函数，需要在线性齐次的生产技术条件下，做出一些假定。一个对于大多数国家都成立的实证假定是，母亲在小孩生育行为中的时间机会成本要超过父亲，母亲投入在小孩身上的时间价值，即母亲的时间强度 α_{wc}，应该视为生育小孩总机会成本的一部分，这要超过母亲在其他商品生产中投入的时间强度，简单来说 $\alpha_{wc}>\alpha_{wg}$。如果工资或者母亲时间的隐性价值增加，这会相对提高生育小孩的机会成本，在假定收入不变的条件下，家庭对小孩的需求会减少。对于父亲来说，当出现工资上涨时，相对于其他组合商品而言，小孩并不显著是时间密集型的商品。相对于母亲工资而言，父亲工资的增加对生育率会表现出更加显著的正向效应。

一些文献从实证角度考察父母亲工资变动对家庭生育率的影响。生育率与母亲收入或者教育之间存在负向相关关系（Schultz，1976）。在实证上，小孩与母亲工资率相关的价格效应要超过收入效应。在传统农业社会中，父亲工资的增加经常伴随着高生育率。而对于工业发展先进的高收入国家来说，在某些情况下，父亲工资的增加伴随着生育率的降低。土地所有制的程度和实物资产的价值，也时常伴随着生育率的增加，但这些财富变量在研究框架中可能是内生的（Rozenzweig and Evenson，1977）。

家庭需求框架中最重要的启示在于，家庭收入的不同来源对小孩的需求有不同的影响。一般情况下，母亲工资对生育率的负向效应会更强，父亲工资对生育率的正向效应会更加明显，而继承财富或者自然资源带来的收入有最强的正向效应，因为在这些情况下，不存在抑制小孩需求的抵消价格效应（Schultz，1981）。

Willis（1974）在一般化的生育率模型中，加入了两个额外的限制条件：①父亲在家庭中不承担照料小孩的责任；②母亲受教育程度的提高，会增加她们在劳动力市场上的工资待遇，但不会提高她们的家庭生产力，换言之，女性只有在劳动力市场参加工作时，才能享受到教育所带来的生产力提高。但这一设定受到了一些学者的反驳，认为相对于男性而言，女性的教育回报率存在低估。考虑到这一假定，Willis 表明女性将自己的一部分时间分配到劳动力市场上，教育可能只会带来工资的增加和生育率的下降。男性工资的直接效应是提高生育率，因为它只包含收入效应，男性不需要分配时间照料小孩，并且男性的工资效应要大于劳动力市场上女性的工资效应。

3.2 宏观经济学中的生育行为

生育率通过影响人口规模、人口增长和年龄结构，可以对宏观经济系统造成一定的影响，社会制度的变化可以影响孩子需求的微观经济动机。生育行为可能存在一定的外部效应，比如当人口出现过快增长时，可能会造成拥挤，增加污染成本，市场调控难度加大，难以通过调整工资实现失业率最小化或者吸引足够的投资、创造更多的工作机会。在这些情况下，会存在对补偿税或转移支付的社会需求，可以激励父母在生育决策时将成本和潜在收益纳入考虑范围，进而通过个人对孩子的需求对社会造成一定的影响。

同样地，公共部门或私人部门可以通过一些制度变革，补充为家庭提供一些重要的服务项目，而这些服务项目一般是由子女为父母提供的，包括养老、医疗、社会保障等。在生育宏观经济学中，对于部门提供的这些项目、激励和机制，从实证角度评估它们的重要性是极具意义的，主要包括以下几个方面：世代交叠模型、信贷市场、社会保障、生命周期储蓄、流动性、婚姻、风险和技术变革。本书考察的是，在出生性别比失衡的背景下，来自政府和市场的经济激励，会如何影响家庭的生育决策，在这一部分，我们重点梳理了世代交叠模型、信贷市场、社会保障、生命周期储蓄、婚姻等方面的相关研究。

在一般均衡模型中，纳入对孩子投资的变化、生育率和储蓄，这几个变量在模型中是由内生决定的。微观经济理论中的代际流动，可以将宏观经济中的长期增长、投资和消费问题纳入一般均衡的研究框架中。这个模型早期被应用于解释货币的基本原理，后来才逐渐应用到人口、经济转型问题的研究中。有研究将生育决策视为内生的（Eckstein and Wolpin，1982）。随着资本的集聚和工资率的提高，如果生育孩子的成本与工资率或者时间价值相关，父母会倾向于通过消费商品来替代孩子。同时，当人均收入增加时，对小孩的需求会增加。通过这个标准化模型，分析生育率的变化路线，取决于商品成本和养育小孩时间成本之间的相对大小。根据这些模型，当现代社会有经济增长时，产出的劳动份额会增加，生育率会呈现出先上升、后下降的变化趋势。

但这些增长的代际模型没有对父亲和母亲工资率的变化进行区分，两者之间具有很强的经验规律性，可以解释微观经济学中对孩子需求的理论框架。如果父母生育小孩的成本是母亲收入的增函数，相对于男性劳动力而言，女性劳动力的人力资本是无偿提供的，资本的形成会影响生育率以及人口转型的路径。在增长模型中对男性劳动力和女性劳动力进行区分，对于内生的生育率给予特殊的技术假定，将性别工资差距与发展和人口转型联系起来，可以存在多重均衡或低收入陷阱。还有一些研究从增长理论出发，尝试克服机制中人口增长的内生性问题。

早期有很多研究关注快速人口增长可能带来的影响和后果，假定社会上家庭规模的扩大，会抑制居民的个人储蓄、公共生产储蓄和投资。在实证研究中，可以论证储蓄组成和水平与家庭规模之间直接联系的文献非常有限。加总数据和现有的家庭证据也无法论证家庭规模的重要性，以印度为例，自第二次世界大战以来，印度的人口增长率和国民储蓄率都有所增加。为了评估生育率的影响，应该对导致生育率变化的不同来源进行区分识别，需要获取家庭和代际层面的经济变量和人口信息。考虑到在人口和经济发展的假定模型中，储蓄关系的重要性，有很多研究在孩子需求框架下，考察储蓄行为。

在家庭中，女性可以通过进入婚姻市场，实现传统意义上的女性分工，可以激励家庭增加对女性教育的投资，女性可以通过在外工作并移民，在劳动力市场上获得教育回报，并可以回馈父母。在传统制度中，主要通过扩大家庭规模来分摊风险，现在则通过技术进步或者增加女孩投资来降低风险。

在家庭孩子需求的生产模型中，有一个核心观点：家庭收入的不同来源，会相应地给孩子的隐性成本带来不同的影响，进而影响家庭对孩子的需求。具体来说，对于孩子照料活动主要发生在家庭内部的夫妻而言，相对于男性时间价值的增加，女性时间生产性价值的增加会对生育率产生更强的负向作用。

在宏观经济学的分析中，相关学者开展了大量深入的实证分析，主要关注生育率对工资和非人力资本的影响、孩子死亡率、父母的性别偏好和生育率、技术革新和制度变迁、交叉项目的效应、国内生育率的比较（计划生育、避孕成本）等方面。

综述来看，应用微观经济学理解孩子的需求，需要强调孩子的一些特殊特征。对父母来说，生育孩子的成本在很大程度上受到母亲时间机会成本的影响，在社会上，女性一般会贡献更多的时间用于照料小孩。需求模型的理论和实证分析发现，相对于父亲工资的增加和受教育程度的提高，母亲工资的增加和受教育程度的提高，会对生育率产生更强的负向效应。而在收入水平较低的农业国家，非人力资本收入的增加，时常伴随着失业率水平的提高。在人力资本和非人力资本之间，在男性生产力和女性生产力之间，收入构成的变化与全国整体收入水平的变化相同，对于生育率的下降是非常重要的。

孩子也是人力资本投资的重要推动力，父母将人力资本视为小孩数量的替代品。当孩子受教育的人力资本投资回报增加时，父母会倾向于为孩子提供更好的教育，降低自身的生育率。在理论和实证分析中，无法清晰地厘清父母对小孩投资的增加是出于利他主义动机，还是出于一种交换动机，父母期望在他们年老时，孩子可以为他们提供更好的照料和更多的资源。

在家庭层面，还有一些其他因素会影响孩子的需求，这些因素会影响孩子的相对成本或生产力，可以被合理地纳入需求模型中。属于农场主土地的大量供给，有助于提高生育率，因为父母可以用小孩来替代农场上有偿雇佣的劳动力，并收回部分在孩子身上投入的养育成本。在城市层面，小孩的净成本一般会相对更高，因为在家庭内部，很少有适合孩子从事的生产性工作，在孩子身上投入的食物支出、居住成本和职业培训费用会相对更高。显而易见，在保持其他很多因素不变的条件下，相对于城镇地区，农村地区的生育率水平会更高，相对于工业地区，农业地区的生育率水平会更高。

死亡率的下降也是人口增长加快背后的重要因素，人口增长加快出现在 1700 年前后的欧洲，并蔓延到 20 世纪时期的低收入国家。在文献中，高收入和低收入国家，对死亡率下降的准确原因及其背后机制的认识是不完全的。竞争性的假说在于，营养条件改善，收入提高增加了其他形式的医疗支出，公共部门和私人部门的技术手段促进了疾病治疗改善，或者一些疾病的致命程度降低，尤其是在孩子幼年时期。不管死亡率下降的原因是什么，父母的反应都是减少生育小孩的数量。父母对孩子死亡率下降的反应可以在经济需求模型中进行解释，包括替代存活小孩的需求减弱、将小孩视为应对不确定死亡率的保障的需求减少、家庭投资的期望回报增加等。尽管实证和理论模型都很清晰，但仍有不确定性在于，这种程度较强的正向相关作用，如何在小孩死亡率和生育率之间进行分配。毫无疑问，一部分是由于父母对健康卫生环境的外生变化的反应，另一部分是由于内生的家庭调控财富量和生存水平的中介效应。

家庭决策的变化与国家层面的变化也是息息相关的。学校替代家庭成为孩子的培训场地，基本上各地的学校都享受公共补贴。很多国家的社保部门会提供老年人照料和健康保障服务，在家庭层面，父母为获得这些效用而养育小孩的动机会下降。这些制度的变化对生育率的影响效应很难度量，直觉上效应应该是非常显著的。对于许多低收入国家而言，这些形式的社会福利立法并不是降低生育率的合理选择，因为它们对应的成本超过了公共可获得的资源。但有越来越多的研究表明，在低收入的发展中国家，提高女性受教育程度的项目、改善小孩营养和健康的项目、计划生育措施的普及，都可以显著降低小孩的死亡率、生育率和人口增长率。对这些人力资源项目的研究，有助于解释世界人口转型和经济发展中的一些突出变化。在研究这些项目及其对家庭行为的影响时，纳入孩子需求的经济模型，可以提供一个完善的整体研究架构。

4 政府经济激励与出生性别比再平衡：“关爱女孩行动”

4.1 引言

在 1955 年联合国出版的手册Ⅱ中，明确界定了出生人口性别比的通常值域为 102~107。我国自 20 世纪 80 年代起出生人口性别比就逐渐偏离了正常范围。在 1982 年进行的第三次人口普查数据中，出生人口性别比为 108.47，稍稍高于 107 的上限，此后的出生人口性别比急速攀升至 2005 年的 120.49（见图 4.1），这意味着当年每 100 个新生婴儿中，男孩的数量比女孩多出 9.29 个。由于历年的出生性别比都超过了 100，累加的总人口性别不平衡是非常惊人的，以 2010 年的第六次人口普查为例，30 岁以下（1980 年后出生）的人口中，男性比女性要多出 2345 万人。更严重的问题在于，这种出生性别比失衡在地区间的分布是非常不均衡的，有一些地区的新生人口在合理范围之内，另一些地区则极度失衡，如北京的出生人口性别比为 109.48，安徽的则高达 128.65。

出生性别比失衡会带来严重的经济和社会问题。首先，出生性别比失衡会对婚姻市场产生巨大的冲击，诱发一些婚姻新模式的出现，如婚龄断层、同族结婚、表亲结婚、跨国婚姻等（Edlund，1999）。其次，出生性别比失衡会降低劳动力的市场参与度，高出生性别比会提高女性未来在婚姻市场上的谈判能力，由于女性在婚姻市场和家庭内部的地位上升，这对女性在劳动力市场的参与度存在很大的负向效应（Angrist，2001）。再次，出生性别比失衡会增加社会犯罪率，一方面，婚姻可以起到维持社会稳定的作用，出生性别比失衡会增加未婚男性的数量，进而引发过多的社会违法行为（Edlund et al.，2010，2013）；另一方面，由于出生性别比失衡主要集中在农村，特别是经济发展较为落后的偏远地区，这会进一步加剧拐骗妇女现象的发生（Hughes et al.，1999；Banister，2004）。最后，出生性别比失衡还会带来宏观经济的失衡，催生居民储蓄率的逐渐攀升，造成内需不足的困境（Wei and Zhang，2011）。

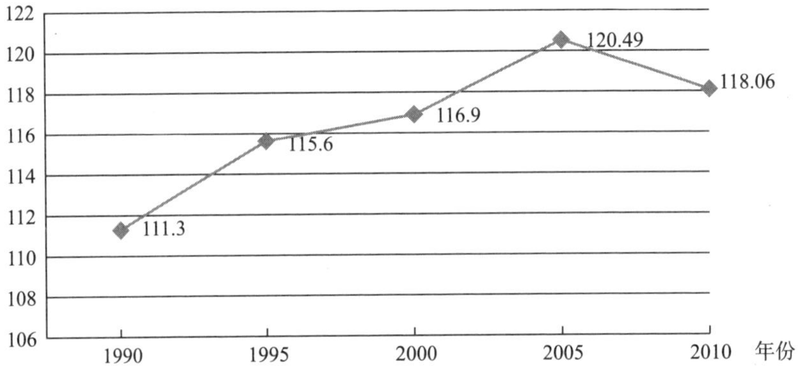

图 4.1　不同调查年份全国出生人口性别比变化趋势

资料来源：人口普查数据（1990 年、2000 年、2010 年）；1%人口抽样调查数据（1995 年、2005 年）。

大多数东亚国家和地区的出生性别比存在不同程度的失衡，如日本、韩国和中国台湾等，因此很自然地将出生性别比失衡归结为东亚盛行的传统文化。Sen（1990）在研究中称这种特殊的现象为“消失的女性”。东亚盛行的传统文化观念在这一过程中发挥着重要作用，对男孩的偏好普遍高于女孩，使得性别选择成为一种内生行为，并直接导致了出生性别比失衡（Edlund，1999）。

在不控制小孩生育数量时，父母的偏好不会改变总体出生性别比（Edlund et al.，2010）。一些学者关注我国特殊的国情和政策，将出生性别比失衡归因于我国的计划生育政策（Wang，2012）。McElroy 等（2000）

基于1992年家庭经济和生育率调查（HEFS）的数据进行研究，首次直观地分析了计划生育政策的效应：农村地区人口政策对于生育率的控制具有较强的约束力，城镇地区超生的高罚款会显著降低出生婴儿数量。Ebenstein（2011）通过参数模拟的方法评估政策放松的效应，结果表明通过放松一胎政策、实行三胎政策，可以减少56%"遗失女孩"的数量，一定程度上缓解了出生性别比失衡，但这同时会使生育率提高35%，加剧人口压力。

一些研究指出我国出生性别比的不断攀升可能是溺婴和瞒报的结果。很多家庭的女孩健康出生存活，但父母出于生育男孩的动机选择溺婴或者瞒报从而避免计生政策的约束，相关统计数据会相应显示出高出生性别比，而这一现象会严重威胁到女性的健康、安全和福利（Hull，1990）。溺婴和瞒报现象的存在、人口统计资料质量的下降主要是奖罚的一胎政策和干部责任制下父母和计生干部共同导致的行为（Merli，1998）。

随着产前胎儿性别鉴定技术的不断推广，一些学者开始研究B超的普及与出生性别比失衡之间的关系。以中国台湾为例，堕胎的合法化可以提高男性出生比例，改善家庭的生育组合，同时可以减少新生女婴的相对死亡率，导致出生性别比升高。在该情况下偏好男孩的父母会在产前和产后性别选择之间进行权衡，而政策制定者要遏制选择性流产就需要制定配套的激励政策，鼓励家庭生育和投资女孩（Lin et al.，2014）。基于中国福建省县级层面的研究可以得到一致的结论：B超设备的推广普及会显著提高该地区的出生性别比，而这种效应对于第一胎为女孩、生育第二胎的农村家庭而言尤为显著（Li and Zheng，2009）。

但是进一步的研究都发现，偏好男孩的文化有其内在的经济动机，在中国，当市场经济改革导致女性在采茶行业的回报上升时，女孩的数量明显增多（Qian，2008）。同样的事情也发生在欧洲，犁耕农业使得男性的回报增加，进而削弱了女性的相对地位（Alesina et al.，2013）；而当黑死病暴发时，畜牧业相对于种植业更有优势，女性相对于男性更适宜畜牧业，女性的社会地位也随之提高（Voigtländer et al.，2013）。女性社会地位的提高不仅改善了出生性别比，还降低了总和生育率，并帮助欧洲最终跳出“马尔萨斯陷阱”。梁若冰（2014）关注我国明清时期女性地位上升的经济学解释，在该时期寡妇守节的现象十分常见，作者认为这是一种理性的经济行为而不仅仅是由于礼教的约束。而男性在体力上相对于女性的优势，可以使男性获得更高的收入报酬（Basu，1989）。

不仅如此，男女出生性别比的失衡还会反过来加大养育男孩的成本。由于男性的数量大大超过女性，男性在婚姻市场上的竞争日益激烈，那些生育男孩的父母为了增加儿子在未来婚姻市场中的竞争力，会倾向于增加储蓄、积累财富、延期消费，在城市里则出现所谓的“丈母娘经济现象”，即要求男方购置一套房产，这种效应还通过住房市场传导到其他家庭，进一步增加生育男孩的成本（Wei and Zhang，2011）。因此，从理论上来说，当养育男孩的相对成本上升时，或者养育女孩的相对收益上升时，那些基于经济动机的男孩偏好就会下降，出生性别比失衡则会在一定程度上得到缓解。Ebenstein（2011）通过参数模拟的方法评估了奖惩性计划生育政策的效应，当对没有男孩的家庭提供的奖励为当地一年平均收入时，可以减少67%“消失的女性”的数量，这个效应是非常显著和巨大的。当然，Ebenstein（2011）的研究也存在一些明显的缺陷，首先是没能解决生育男孩的成本与出生性别比之间可能存在反向因果关系，其次该研究并不是基于一个真实的政策环境，特别是没有考虑生育行为的溢出效应。

2003年开始实施的“关爱女孩行动”为我们研究出生性别比失衡的再平衡提供了契机，这次由国家人口计生委主导的政策试点，在全国范围内选择了24个县区作为试点县区，给予试点县区的独女户和纯女户（两个女孩）一系列的奖励和扶持政策，包括教育、医疗、养老和一次性奖励等方面，“关爱女孩行动”增加了试点县区生育女孩的收益，从而增加了生育男孩的机会成本。本书基于此次试点政策的自然实验，利用六普（2010年）和五普（2000年）分县的人口数据，采用倍差法（Difference-in-Difference，DID）估计了“关爱女孩行动”对试点县区出生人口性别比的影响。我们的研究发现，“关爱女孩行动”使得试点县区的出生人口性别比平均下降了 12 个百分点，相比六普平均出生人口性别比为 118.06，该试点政策的效果非常明显；不仅如此，我们还发现该效应主要来自试点政策的经济激励，而与同期实施的打击"两非"① 行动关联不大，随后的一系列稳健性检验也排除了瞒报和移民的干扰。最后，我们还发现"关爱女孩行动"真实改善了试点县区的女性地位，显著提高了当地女性的受教育程度，其中大专及以上学历女性占比增加了 4.606‰，本科及以上学历女性占比增加了 1.33‰，女性受教育程度显著增加了 0.792 年，占当年全国平均水平的 10%。

据我们所知，本章是第一篇估计真实政府经济激励对出生性别比影响的研究，这一方面为生育经济学提供了经验证据，证实了经济动机在生育行为中的重要作用；另一方面本章的研究内容也为中国出生性别比失衡的再平衡提供了现实依据，通过改善女性经济和社会地位，可以从根本上降低出生人口的性别比。

本章其他部分的安排如下：第二部分是"关爱女孩行动"的实验背景，第三部分是理论假说和研究设计，第四部分是基本的回归结果和稳健性检验，第五部分是作用机制分析，第六部分是本章的结论及政策建议。

4.2 实验背景

4.2.1 "关爱女孩行动"介绍

自 20 世纪 90 年代开始，我国出生性别比严重失衡，到 2000 年的第五次人口普查时，出生婴儿的男女性别比高达 117，这引起了政府和社会各界的广泛关注。相对来说，由于溺婴发生的概率较小，大多数的出生性别比失衡来自选择性堕胎，自 20 世纪 80 年代开始在县级层面普及的 B 超设备，为低成本鉴别胎儿性别提供了便利。进入 21 世纪后，为了遏制出生性

① "两非"指利用超声技术和其他技术手段进行非医学需要的胎儿性别鉴定，非医学需要的选择性别的人工终止妊娠。

别比失衡的趋势，我国政府采取了一系列法律、行政、经济等手段，其中将打击“两非”列入了2001年新颁布的《人口与计划生育法》，加大了对“两非”的处罚力度。但是该政策在具体落实时效果不佳，一方面是处罚的力度有限，另一方面是医生和孕妇之间存在强烈的合谋，除非孕妇主动提供证据，否则执法机关很难找到足够的违法证据。

为了能够从根源上纠正家庭的男孩偏好，国家人口计生委于2003年启动了“关爱女孩行动”，通过一系列经济政策和社会保障制度，诱导家庭改变其生育行为。具体来说，针对农村中的独女户和纯女户（两个女孩），该行动提供了一系列的奖励和扶持政策。概括来说包括四大类：①教育支持。首先是中考加分，平均来看，加分的幅度从10分至30分不等，这提高了试点县女孩高中入学的可能性；其次是减免入学的费用，在政策试点期间，义务教育还没有普及免费制度，“关爱女孩行动”减免了女孩的义务教育费用，同时针对高中的学杂费和寄宿费也在一定范围内给予减免；最后是提供大学奖学金，针对考入大学的女孩，由当地财政给予一次性的奖学金，额度在1000~10000元，如果考入本科以上的高等学校，奖学金额度也相应提高。②父母的社会保障。首先是医疗保障，针对独女户和纯女户，当地政府免除其父母的新农合费用，如果发生医疗费用，在正常的报销范围之外，该政策还相应提高额外10%~20%的报销范围；其次针对父母的养老保障，该政策免除父母的新农保费用，同时还在原有基础之上，提高父母的养老金待遇。③家庭奖励金。对独女户和双女户家庭提供一次性奖励2000~5000元。④政策扶持。首先是针对独女户和纯女户的家庭贷款，由当地的金融机构提供低息甚至是无息贷款；其次在农业税减免政策还未实施之前，该政策就已经减免了独女户和纯女户的农业税。“关爱女孩行动”的政策细则见表4.1。

表 4.1 "关爱女孩行动"的政策细则

项目	政策类型	扶持力度
教育支持	中考加分	10~30 分
	学费减免	学杂费/寄宿费
	大学奖学金	1000~10000 元
父母的社会保障	医疗	免新农合费用/提高报销比例
	养老	免新农保费用/提高养老金待遇
家庭奖励金	一次性奖励	2000~5000 元
政策扶持	优惠贷款	低息或无息
	税费减负	减免农业税

资料来源：笔者整理。

从"关爱女孩行动"的具体措施来看，既有一次性的现金奖励，也有着眼于长远的利益诱导机制，如提高了女孩的教育优势，解决了其父母的养老和医疗问题，尝试逆转"养儿防老"动机对生育行为的影响。值得关注的是，我国从 2009 年起开展新型农村社会养老保险试点工作，幸运的是我们的政策评估是截止到 2010 年，新农保政策的实施和作用发挥还需要一段时间，不会对本书的结论产生影响。由于不清楚"关爱女孩行动"的具体效应，国家人口计生委采取了政策试点的方案，分两批在全国一共挑选了 24 个县区作为试点县区，其中 2003 年第一批试点县区来自五普中出生人口性别比高于 120 的 11 个省份，每省各挑选一个试点县区，到 2004 年，试点政策扩散到另外 13 个省份。"关爱女孩行动"基本上覆盖了我国出生性别比失衡较为严重的省份。此外，为了将"关爱女孩行动"的试点经验更好地在全国推广普及，各省份结合自身实际情况，也先后确定了一批省级和市级试点单位，推动综合治理出生人口性别比工作向纵深发展。

4.2.2 "关爱女孩行动"的财政来源

国家人口计生委充分认识到综合治理出生人口性别比偏高问题的重要性和紧迫性，协调中宣部、国家监察委员会、财政部、教育部、国家卫计委等共同推进工作，为"关爱女孩行动"在我国的全面推广和实践提供政策、法律、经济等支持。例如：国家人口计生委在计划生育事业费项目上向“关爱女孩行动”试点县区倾斜，为试点工作的有效开展提供财政支持，主要用于为独女户和双女户提供各项经济奖励和扶持。在启动第一批试点县区后，国家人口计生委分别为11个试点县区提供40多万元的宣传品、设备设施和经费扶持①。财政部和国家人口计生委共同出台的文件同时指出对于国家规定的计划生育利益导向重大项目，由中央政府和地方政府共同承担所需要的经费投入，在西部地区中央财政按80%的比例分配专项资金，在中部地区中央财政按50%的比例分配专项资金，而对于东部地区主要采用奖励性补助等方式②。在各省出台的人口和计划生育事业经费管理办法等相关文件中，对于计划生育事业经费的支出管理进行了具体说明。以湖北省为例，文件指出计生事业经费的投向重点是向稳定低生育水平经常性工作项目倾斜、向国家和省级出台的各项计划生育利益导向政策倾斜③。这些政策的制定和实施为试点县区积极开展“关爱女孩行动”提供了良好的政策与经济支持。

为了准确把握试点县区的选取标准，更加清晰地厘清“关爱女孩行动”试点过程中的财政经费来源，本书进一步考察试点县区获得的财政支持。在我国现有的财政统计中，“关爱女孩行动”的经费支持被划为专项转移支付大类，我们从历年的《全国地市县财政统计资料》中整理出1997—2009年专项补助、人均GDP、总人口和地方一般预算收入的数据，研究发现“关爱女孩行动”两批试点自2003年和2004年启动以来，24个国家试点县区所获得的专项转移支付有显著提高，这些试点县区获得的专项转移支付平均增加14983.22万元，表明中央加大了对项目试点县区的财政扶持力度，也为试点政策的有效开展提供了经济保障。试点县区政策实施前后获专项转移支付情况见表4.2。

---

① http://news.hsw.cn/gb/news/2003-11/01/content_620949.htm.

② 《关于完善人口和计划生育投入保障机制的通知》（财教〔2011〕558号）。

③ 《湖北省人口和计划生育事业经费管理暂行办法》（鄂财教发〔2008〕59号）。

表 4.2 试点县区政策实施前后获专项转移支付情况

变量	专项转移支付		
第一批试点×$D2003$	11473.18***	(2728.53)	
第二批试点×$D2004$		16686.31*** (2587.27)	
两批试点×$D2004$		14983.22*** (2175.55)	
人均 GDP	4471.75*** (746.39)	4469.89*** (745.40)	4463.36*** (744.07)
总人口	302.28*** (98.44)	302.90*** (98.54)	302.42*** (98.44)
地方财政一般预算收入	0.12*** (0.04)	0.12*** (0.04)	0.12*** (0.04)
Within R^2	0.1419	0.1426	0.1434
县区数量	2843	2843	2843
样本量	28879	28879	28879
数据范围	县区	县区	县区

注：所有回归均为固定效应模型，Cluster 到省层面，***表示在 1%的水平上显著。

4.3 理论假说和研究设计

4.3.1 理论假说

在生育经济学的文献中，Becker（1960）最早使用经济学的分析框架来研究生育决策，他将子女视作具有质量特征的耐用消费品，指出在家庭效用函数中，子女数量和子女质量之间存在着替代关系，即"数量—质量替代"，后续很多研究的开展都是基于"数量—质量替代"理论。本书主要关注中国的出生性别比失衡问题，在东亚传统文化中，父母更加偏好生育男孩，女孩在营养、健康、卫生等方面的生存条件相对恶劣。计划生育政策实施以来，中国家庭的父母面临严格的生育数量控制，会更加倾向于生育男孩。B 超等胎儿性别鉴定技术的普及，也为性别选择提供了低成本的便利。

进一步地研究发现，对男孩的偏好和出生性别比失衡背后有其经济动机。对生育女孩的家庭提供一定的经济奖励，会提高家庭生育男孩的相对成本，增加生育女孩的相对收益，促使更多的家庭愿意生育女孩，改善出生性别比失衡现状。Ebenstein（2011）通过参数模拟的方法评估了奖惩性计划生育政策的效应，当对没有男孩的家庭提供的奖励为当地一年平均收入时，可以减少 67%“消失的女性”的数量，这个效应是非常显著和巨大的。当然，Ebenstein（2011）的研究也存在一些明显的缺陷，首先是没能解决生育男孩的成本与出生性别比之间可能存在反向因果关系，其次该研究并不是基于一个真实的政策环境，特别是没有考虑生育行为的溢出效应。

值得注意的是，计划生育政策限制在群体间是有差异的，其中针对农村人口和少数民族都有不同程度的调整，因此一个地区的这两类人口越多，计划生育的约束就越少，这些地区处于生育年龄的夫妇，就可以通过数量来达到理想中的后代性别，特别是如果完全没有数量限制，父母的性别偏好是不会改变总体上的出生性别比的（Edlund et al.，2010）。同时，母亲的受教育水平与家庭小孩的出生性别比密切相关（Inchani and Lai，2008），这些都是我们在计量模型设定中需要考虑的因素。

总的来说，本章的研究内容是对现有文献一个很好的补充，我们基于国家人口计生委 2003 年启动的“关爱女孩行动”试点，考察真实经济激励对出生性别比的影响，分析经济动机在生育行为中的重要性，为生育经济学提供了经验证据。

4.3.2 实证策略

本章的研究采用的是倍差法（Difference-in-Difference，DID），目的在于在控制其他因素后，检验试点县区与非试点县区相比各年龄段性别比变化是否存在显著差异。倍差法非常适用于本书的研究。首先，尽管在试点县区选取过程中倾向于选择出生性别比失衡相对比较严重的县区，但并非在出生性别比失衡本身并不严重的县区开展试点，基本满足 DID 对政策干预外生性的要求，可以进行政策效果分析研究。其次，前两批国家试点依次发生在 2003 年、2004 年，有清晰的时间断点。最后，24 个试点县区的奖励和控制政策基本一致，因此政策的效果会更加干净。

我们建立的 DID 模型如下：

$$Sexratio_{it}=\alpha+\beta_1 Treat_i\times D2010+\gamma X+\varepsilon \tag{4.1}$$

其中，*Sexratio* 是分年龄段男女性别比，*Treat* 是用来区分实验组和对照组，实验组为两批国家试点的 24 个县区（$Treat=1$），对照组为其他未进行国家试点的县区（$Treat=0$），*D*2010 为政策前后的虚拟变量，“关爱女孩行动”在 2003 年和 2004 年开展，因此 2010 年取 1，2000 年取 0，*Treat* 和 *D*2010 交互项的系数 β_1 即为我们关注的政策效应，如果该系数显著为负，则说明试点县区的相关政策使得出生性别比降低了。X 为控制变量，结合前文的理论和文献分析，主要纳入了人均 GDP、城市化率、少数民族比重、人均土地面积、女性平均受教育年限等指标。我们在所有的模型中控制了地区和年份的固定效应；由于采用的是县级层面的面板数据，为了缓解面板数据模型中标准误低估的问题，我们在回归时将标准误聚类到省级层面。

4.3.3 数据处理

除人口普查年份之外，我国在其他年份并未公布县区层面的分年龄段的人口数据，而在每一次的人口普查之后，都会相应公布县级层面的各年龄段的男性和女性的数量，其中关于年龄段的设置，分别对应了 0 岁、1~4 岁、5~9 岁等，在目前加总后的县级数据中，还未公布所有单个年龄的数据，不过 5 岁一个年龄段的数据已经能够满足本章研究的需要。我们的主要数据来自 1990 年、2000 年和 2010 年的三次人口普查，基于这些数据可以计算得出每一个年龄段的男女性别比。

除此之外，试点县区的名单来自国家人口计生委，所有县级层面的变量，如人均 GDP、少数民族比重等，来自各年的《中国县市社会经济统计年鉴》，由于还涉及一些市辖区的数据，因此我们也整理了各省市的统计年鉴数据。同时，为了区分经济手段和行政手段的效应，我们结合 GIS 地图和不同县区之间的地理距离，收集整理了 24 个国家试点县区相邻县区的名单。部分县区在此期间发生了行政区划变动，我们统一按照 2010 年的行政区划对拆分和合并的情况进行了处理，其中拆分的县区用 2000 年的数据替代，合并的县区将相应年份的数据进行合并加总。

4.4 回归结果及稳健性检验："关爱女孩行动"对出生性别比的影响

4.4.1 基本结果

表 4.3 给出了基本的回归结果，为了尽可能控制不可观测变量的影响，我们在随后的所有回归中均采用了双向固定效应模型。其中第一个回归仅考虑了试点县区和时间虚拟变量的交互项，此时的系数在 1%的水平上显著为负，说明在不控制其他因素的情况下，"关爱女孩行动"使得试点县区的出生性别比显著下降了约 11.8 个百分点。既有的研究显示，计划生育政策限制在群体间是有差异的，尤其针对农村人口和少数民族都有不同程度的调整，因此一个地区的这两类人口越多，计划生育的约束就越少，这些地区处于生育年龄的夫妇，则可以通过数量来达到理想中的后代性别。特别是如果完全没有数量限制，父母的性别偏好是不会改变总体的出生性别比的（Edlund et al.，2010）。当我们不控制人口结构时，第一个回归中的系数就可能存在高估的风险，因此我们在第二个回归中加入了其他的控制变量，可以看出，此时试点政策的影响在 1%的水平上仍显著为负，国家试点县区的出生性别比相对非试点县区下降了约 14.1 个百分点，考虑到 2000 年两者之间的出生性别比相差 19.01 个百分点，这说明"关爱女孩行

动”使得出生性别比失衡的状况下降了74.17%。

表4.3　基本回归结果

变量	全部			第一批试点	第二批试点
	0岁男女性别比	0岁男女性别比	1~4岁男女性别比	1~4岁男女性别比	1~4岁男女性别比
试点×*D*2010	−11.778*** (3.617)	−14.084*** (4.354)	−12.075*** (3.699)	−16.912** (6.965)	−7.706** (2.916)
人均GDP	0.00001 (0.00002)	0.00001 (0.00002)	0.00001 (0.00002)	0.00001 (0.00002)	
城市化率	0.005 (0.007)	−0.012 (0.009)	−0.012 (0.009)	−0.012 (0.008)	
少数民族比重	−0.130 (0.129)	−0.062 (0.089)	−0.058 (0.088)	−0.061 (0.089)	
人均土地面积	−0.00008 (0.00008)	−0.0002*** (0.00002)	−0.0002*** (0.00002)	−0.0002*** (0.00002)	
女性受教育年限	−0.057 (0.720)	−1.007 (0.700)	−1.018 (0.697)	−1.052 (0.710)	
Within R^2	0.008	0.012	0.032	0.031	0.023
县区数量	2874	2307	2307	2307	2307
样本量	5721	4334	4334	4334	4334
数据范围	县区	县区	县区	县区	县区

注：所有回归均为固定效应模型，Cluster到省层面，**和***分别表示在5%和1%的水平上显著。

前两个回归采用的是0岁的男女性别比，该指标一个潜在的威胁是0岁的统计可能存在漏报的问题，在人口普查的过程中，由于各地推进全面普查需要一个较长的时间过程，因此对当年出生的人口必然存在客观上无法避免的漏报和漏登问题。为了解决普查数据的漏报问题，我们在第三个回归中，利用1~4岁的男女性别比替换之前的0岁性别比，非常容易理解的是，一方面1~4岁组没有漏报问题，另一方面该年龄组对应的出生年份是2006—2009年，恰好也是“关爱女孩行动”的政策区间。从第三个回归可以看出，“关爱女孩行动”使得试点县区的1~4岁男女性别比下降了约12.1个百分点，与前两个回归的结果非常接近，说明我们估计的系数是很稳健的。“关爱女孩行动”国家试点县区是在2003年和2004年分两批推出的，两者在时间上相差1年，我们在表4.3的后两个回归中分别考察两批试点县区的效应，可以发现试点政策对1~4岁男女性别比的影响在两批试点县区都很显著，不过第一批试点县区的效应相对更大，这是因为第一批试点县区的出生性别比失衡更加严重，因此政策激励更加有效。

所有采用DID方法的研究都需要满足一个基本前提假设：共同趋势，即处理组和控制组在政策实施之前随时间变化的趋势相同，特别是不能出现与政策效应同方向的变化。在本章的研究中，如果试点县区的男女出生性别比在政策实施之前就出现更快的下降趋势（相对非试点县区），那么我们在表4.3中看到的结果就可能是共同趋势本身带来的，从而对“关爱女孩行动”的政策效应造成高估。接下来，我们通过两种方法对共同趋势假说进行检验，第一种方法是经典的检验方法，即虚假实验，在上一个时间段设置一个假想实验，如果此时的政策效应也显著为负，则说明不满足共同趋势假说。“关爱女孩行动”的两批国家试点县分别在2003年和2004年启动，是在五普和六普之间实施的，因此虚假实验可以设置在四普（1990年）和五普（2000年）之间，表4.4的前两个回归即比较试点县和非试点县在五普和四普的0岁和1~4岁的男女性别比变化，可以看出此时虚假实验的系数并不是显著为负，无论是0岁还是1~4岁的男女性别比的系数都显著为正，这说明表4.3的估计不仅没有高估，反而可能会低估“关爱女孩行动”的效应。

第二种检验共同趋势假说的方法是依据相同数据年份的不同年龄段，在历次的人口普查数据中，针对性别的人口数据是按间隔5岁的年龄段公布的，其中六普中5~9岁对应的出生年份是2001—2005年，这其中绝大多数是在“关爱女孩行动”之前出生的，因此较少受到政策刺激的作用，特别是10岁以上的年龄段，其出生年份都在2000年之前，完全不会受到“关爱女孩行动”政策的影响，因此可以用来检验共同趋势假说。从表4.4

的后三个回归结果来看，本章的实证设计没有违背双重差分法的共同趋势假说，其中 10 岁以上的性别比显著为正，说明试点县区的整体性别比失衡更加严重，这与第二个回归的结论是一致的，5～9 岁性别比的系数为正但并不显著，这是因为该年龄组跨过了“关爱女孩行动”的政策实施时间，其中一部分在政策之前，另一部分则受到政策的影响，因此综合的效应并不显著，有效地排除了共同趋势的假说。

表 4.4　倍差法的共同趋势检验

变量	0 岁男女性别比	1～4 岁男女性别比	5～9 岁男女性别比	10～14 岁男女性别比	15～19 岁男女性别比
试点×*D*2000	15.416** (5.655)	14.297*** (3.515)			
试点×*D*2010			2.279 (2.265)	11.565*** (2.831)	6.455*** (1.933)
人均 GDP	−0.001*** (0.0003)	−0.001*** (0.0004)	−0.00001 (0.00002)	0.0002 (0.0002)	0.0001*** (0.00003)
城市化率	−0.025	(0.035) −0.034	(0.054) −0.003	(0.005) 0.014	(0.011) 0.002 (0.008)
少数民族比重	−0.456** (0.201)	−0.561** (0.240)	−0.039 (0.052)	0.115 (0.210)	−0.157 (0.159)
人均土地面积	0.003*** (0.0002)	0.002*** (0.0003)	−9.79e−06 (0.00004)	0.0002*** (0.00006)	−0.0003*** (0.0001)
女性受教育年限	5.123*** (1.127)	10.296*** (2.031)	1.872*** (0.538)	3.036** (1.127)	−2.876*** (0.870)
Within R^2	0.219	0.524	0.092	0.009	0.092
县区数量	2293	2293	2307	2307	2307
样本量	2792	2792	4334	4334	4334
数据范围	县区	县区	县区	县区	县区

注：所有回归均为固定效应模型，Cluster 到省层面，** 和 *** 分别表示在 5%和 1%的水平上显著。

4.4.2 稳健性检验及其拓展

虽然表 4.4 的结果证实了倍差法的共同趋势假说，但依然会有其他因素影响本书的基本结论，为此，我们接下来从四个方面展开稳健性检验。

首先，“关爱女孩行动”的试点既有县也有市辖区，作为对照组的非试点地区也有县和市辖区，相对来说，市辖区距离经济中心更加靠近，其人口生育行为更容易受开明观念的影响，如市辖区的居民受教育程度相对较高，“关爱女孩行动”的宣传效应更加明显，因此县和市辖区的政策效应就可能存在显著差异。我们在表 4.5 的第一个回归中剔除所有市辖区的数据，仅保留县的样本，可以看出此时的政策效应依然显著为负，并且其系数大小与表 4.3 的结果非常接近，这说明县与市辖区的异质性对本章的基本结论没有影响。

表 4.5 稳健性检验：瞒报与移民

变量	1~4 岁 男女性别比	10~14 岁女孩 与 0~4 岁之差	0 岁 男孩数量	0 岁 女孩数量	1~4 岁 男孩数量	1~4 岁 女孩数量
试点×$D2010$	-12.060*** (3.698)	-3381.66** (1557.57)	379.54 (305.42)	570.01*** (159.21)	2202.27 (1633.54)	2791.03** (1171.16)
人均 GDP	0.00001 (0.00002)	0.0005 (0.007)	0.002 (0.002)	0.001 (0.002)	0.017** (0.008)	0.012* (0.007)
城市化率	-0.012 (0.009)	4.808 (4.911)	-0.187 (0.367)	-0.128 (0.265)	-0.283 (2.026)	0.583 (1.613)
少数民族比重	-0.057 (0.088)	-0.745 (10.026)	18.483* (9.073)	16.989* (8.584)	86.807** (38.550)	81.496** (37.444)
人均土地面积	-0.0002*** (0.00002)	-0.017 (0.030)	-0.002 (0.002)	-0.002 (0.002)	-0.0004 (0.010)	0.003 (0.009)
女性受教育年限	-1.028 (0.711)	-521.27 (329.60)	-98.655 (59.235)	-86.43 (58.438)	-193.857 (287.921)	-121.21 (255.82)
总人口		7.635 (23.124)	14.001 (17.246)	12.402 (16.498)	223.20** (92.15)	210.04** (84.77)

续表

变量	1~4岁男女性别比	10~14岁女孩与0~4岁之差	0岁男孩数量	0岁女孩数量	1~4岁男孩数量	1~4岁女孩数量
Within R^2	0.033	0.018	0.019	0.021	0.093	0.119
县区数量	2010	2043	2307	2307	2307	2307
样本量	3991	2043	4334	4334	4334	4334
数据范围	县	县区 2010	县区	县区	县区	县区

注：所有回归均为固定效应模型，Cluster 到省层面，*、**和***分别表示在10%、5%和1%的水平上显著。

其次，瞒报有可能会使得政策效应出现高估的风险。在农村地区，一些具有男孩偏好的家庭，当他们生育的是女孩时，倾向于暂时不报户口，特别是在小孩还未到小学入学年龄时，是否登记户口对家庭并没有实质影响，因此瞒报可能使得6岁以下的性别比被高估。当国家在试点县区推行“关爱女孩行动”时，该政策对女孩的家庭给予了多方面的经济奖励，因此会减少试点县区瞒报女孩的状况，而非试点县区并没有相应的经济刺激，因此瞒报情况一如既往，试点县区相对于非试点县区的瞒报率下降，就会使得我们从数据上看到试点县区的出生性别比下降更快，但真实的出生性别比可能没有发生变化。为了检验瞒报的影响，我们在2010年的数据中，将当年10~14岁的女孩数量减去0~4岁的女孩数量，假设瞒报是一个普遍现象，则当年的0~4岁女孩数量会比真实情况更少，但是在下一个普查年份，这些女孩已经到了小学入学年龄，因此2010年10~14岁的女孩数量等同于2000年0~4岁的真实女孩数量，由于一个地区对男孩的偏好相对比较固定，因此可以用2010年10~14岁的女孩数量作为当年0~4岁女孩的真实数量，2010年0~4岁的女孩数量是受瞒报的影响，假设“关爱女孩行动”使得试点县区的女孩瞒报减少，则会使得2010年试点县区的10~14岁女孩与0~4岁之差显著为正。从表4.5的第二个回归可以看出，“关爱女孩行动”并没有减少试点县区的女孩瞒报，因此瞒报对本章的结论没有显著影响。

再次，农村人口向城市的移民也可能会对结果产生影响。我国现有的人口普查是依据常住地统计的，同时本章考察的又恰好是农村人口较多的县，县的常住人口一般都小于户籍人口，每年都有大量的农村人口在城市工作，在人口普查时他们通常被计算为城市人口。与这些城市移民相伴随的是，年轻夫妇的子女往往也跟随父母在城市生活，如果流出地的夫妇更倾向于将男孩带在身边的话，则会增加常住人口统计中流入地的性别比，同时降低流出地的性别比。考虑到“关爱女孩行动”的试点县区均是人口流出较多的地区，如果我们上述猜测属实的话，则移民就会对本章的结论产生干扰。为了考察移民的影响，我们分别将常住人口统计中的男孩数量和女孩数量作为因变量，如果试点县区的男孩数量相对非试点县区更少的话，则说明移民更倾向于将男孩带出试点县区。从结果来看，无论是 0 岁还是 1~4 岁年龄组，试点县区的男孩数量并没有减少，说明按常住人口统计的数据没有系统性表现出男孩外出更多。相反，试点县区的女孩数量相对来说更多，这意味着“关爱女孩行动”激励试点县区更多生育女孩，进而才降低了出生性别比。

在前文的稳健性检验中，我们已经排除了县区异质性、瞒报和移民对本章研究结论的影响。最后，我们担心试点县区的选取标准会对本章的研究结果产生影响。在国家人口计生委公布的“关爱女孩行动”的实施细则中，明确规定试点县区的选取标准是全国出生性别比失衡最严重的地区，这说明试点县区的选取并不是完全随机的。根据第五次人口普查数据可以发现，第一批 11 个试点县区的出生性别比普遍处于较高水平，部分地区甚至超过 150，而在第二批 13 个试点县区中，仅有昌平区和宝山区的出生性别比处于相对较低的水平，其他试点地区的出生性别比水平较高。正如 Wei 和 Zhang（2011）的研究所示，一个地区的出生性别比失衡越严重，该地区养育男孩的成本越大，因此家庭出于经济动机的男孩偏好会相应下降，这说明出生性别比失衡有自我纠偏的可能性。

我们进一步通过四种方法考察试点县区选取标准的影响：第一，对数据样本进行删减，仅保留出生性别比高于五普平均水平（116.9）的县区，这些县区的出生性别比失衡都比较严重，县区之间具有较强的可比性。从表4.6的前两个回归结果可以看出，试点县区0岁和1~4岁的男女性别比系数虽然有所减小，但依然显著为负，这说明县区之间的异质性没有对结果产生影响。第二，我们仅保留了有试点县区的省的样本，即将没有试点政策的7个省的样本去掉，这样能够剔除试点省与非试点省之间的异质性，从表4.6的第三个回归可以看出，结果依然非常稳健。第三，我们进一步只保留了有试点的地级市的样本，虽然此时的样本量急剧缩小至354个，但是样本间的异质性也降到最低，从最后一个回归可以看出，“关爱女孩行动”使得1~4岁性别比下降了约7.2个百分点。第四，我们将综合使用倾向得分匹配和双重差分的方法来估计“关爱女孩行动”试点政策的效应。首先通过Logit模型进行倾向得分估计，利用人均GDP、城市化率、少数民族比重、人均土地面积、女性平均受教育年限等对政策选择进行回归，其次基于估计的系数计算每个县区政策试点的概率。在得到县区获得国家试点的预测概率后，我们进一步进行平衡性检验，换言之，要考察这些协变量与倾向得分在处理组和控制组之间是否存在显著性的差异。匹配质量检验结果表明：在处理组和控制组之间，协变量并不存在显著差异，其对应的分布是一致的。同时，根据联合检验的结果，倾向得分的联合分布在两个组中也是相同的，匹配上的处理组和控制组具有一致的分布。要对平均处理效应进行估计，首先需要检验是否满足共同支撑假设，只有满足共同支撑假设，倾向得分在处理组和控制组中才能够有足够多的重合部分。在总共2302个观测值中，共同取值范围中有1137个观测值。其中控制组有1118个在共同取值范围中，处理组有19个在共同取值范围中。

表4.6 选择性偏误的影响

变量	平均水平以上		试点省份	试点地级市
	0岁	1~4岁	1~4岁	1~4岁
实验组×$D2010$	-7.758* (4.010)	-8.207** (3.579)	-10.841*** (3.617)	-7.255** (3.380)

续表

变量	平均水平以上		试点省份	试点地级市
	0岁	1~4岁	1~4岁	1~4岁
人均GDP	0.00003 (0.00003)	0.00002 (0.00003)	0.00005*** (0.00002)	0.0002** (0.0001)
城市化率	-0.0002 (0.006)	-0.017 (0.015)	-0.018* (0.010)	-0.222 (0.164)
少数民族比重	0.493 (0.311)	0.186 (0.404)	0.192 (0.136)	0.515 (0.691)
人均土地面积	0.002** (0.001)	-0.001* (0.0008)	-0.001*** (0.0003)	-0.440 (0.320)
女性受教育年限	-5.018*** (0.966)	-4.066*** (1.025)	-2.336*** (0.688)	-7.166*** (2.334)
Within R^2	0.228	0.164	0.074	0.249
县区数量	825	825	1836	198
样本量	1591	1591	3436	354
数据范围	县区	县区	县区	县区

注：所有回归均为固定效应模型，Cluster到省层面，*、**和***分别表示在10%、5%和1%的水平上显著。

经检验（见表4.7），0岁和1~4岁男女性别比都很好地满足匹配质量检验和共同支撑检验，我们可以进一步使用Kernel函数估计试点政策的平均效应，进一步验证了“关爱女孩行动”试点政策的有效性，通过一系列教育、医疗、养老等激励政策可以使0岁男女性别比显著下降12.620个百分点、1~4岁男女性别比显著下降10.549个百分点，与直接用倍差法的估计结果一致，有效规避了试点县区选取标准可能对结果造成的影响（见表4.8）。

表4.7 协变量匹配质量检验

变量	样本	偏差降低比率%	双t检验t值	双t检验p值
人均GDP	未匹配	-371.2	0.15	0.881
	匹配上		-0.64	0.525

续表

变量	样本	偏差降低比率%	双 t 检验 t 值	双 t 检验 p 值
城市化率	未匹配	66.4	-1.52	0.128
	匹配上		0.94	0.354
少数民族比重	未匹配	74.0	-1.98	-0.63
	匹配上		0.048	0.532
人均土地面积	未匹配	99.7	-0.57	0.34
	匹配上		0.565	0.734
女性受教育年限	未匹配	76.8	0.52	-0.13
	匹配上		0.603	0.898
2000 年 0 岁男女性别比	未匹配	91.7	6.94	0.45
	匹配上		0.000	0.657

样本（联合检验）	pseudo R^2	LR chi2	p>chi2
未匹配	0.186	40.99	0.000
匹配上	0.089	4.69	0.584

表 4.8　使用 kernel 匹配方法估计平均政策效应

变量	基期			跟踪期			平均处理效应
	控制组	处理组	Diff（BL）	控制组	处理组	Diff（BL）	
0 岁男女性别比	119.136	137.246	18.110*** (0.754)	118.103	123.593	5.490*** (0.754)	-12.620*** (1.066)
1~4 岁男女性别比	122.808	137.916	15.108*** (0.794)	119.412	123.971	4.559*** (0.794)	-10.549*** (1.122)

注：*** 表示在 1%的水平上显著。

4.5　作用机制分析

4.5.1　经济激励还是行政干预

在基本回归部分，我们已经得出结论："关爱女孩行动"使得试点县区的男女出生性别比下降了 12.1 个百分点，论证了政策激励的有效性。但是我们不能就此认为完全是经济激励的作用，因为“关爱女孩行动”中除了教育、社保等一系列的奖励和扶持政策之外，还同时强化了行政干预，特别是加大了打击“两非”的力度。既有的关于出生性别比失衡的研究发现，虽然计划生育的数量限制是重要根源，但是B超的引进和普及为男孩偏好的实现提供了低成本的手段，进而导致了出生性别比严重失衡（Li and Zheng，2009；Lin et al.，2014）。因此，规范B超等可以鉴定胎儿性别的技术和设备的使用，从理论上来说是可以增加父母选择性堕胎的成本，在边际上降低出生性别比。

我国很早就将打击“两非”作为遏制出生性别比失衡的主要手段，2001年颁布实施的《人口与计划生育法》对违反“两非”规定的机构和个人进行罚款或吊销执业资格，此后则要求所有的医疗保健工作场所设置禁止“两非”的醒目标志。① 但是打击“两非”的效果并不明显，主要有两方面的原因：一是打击“两非”过程中的取证太困难，除非是有鉴别需求的父母主动提供证据，否则执法机构很难对违法行为进行定性；二是打击“两非”是属地管理，而人口的流动性又很强，A县的居民很容易到B县对胎儿性别进行鉴定，此时B县并没有严格执法的动力，只有B县的出生人口性别比才是其关注的重点。在“关爱女孩行动”中，为了进一步强化打击“两非”的作用，试点县区普遍采用联防联控机制，即要求试点县区的周边县区同步开展打击“两非”，可以有效改善全国其他县区打击“两非”过程中无法避免的人口流动问题。由于地理上的相邻县区具有打击“两非”的行政干预，却没有其他的经济激励和政策扶持，因此适合作为“反事实”检验。

我们根据地理相邻的原则，将试点县区的相邻县区作为实验组，将其他的非试点县区作为参照组，基于模型（4.1）的倍差法进行估计。由于相邻县区仅有行政干预，如果此时的交互项显著为负，则说明行政干预能够降低出生性别比，也就意味着第四部分的回归存在高估的风险。我们在

① 《关于禁止非医学需要的胎儿性别鉴定和选择性别的人工终止妊娠的规定》（2003年1月1日）。

表4.9中，分别考察了0岁、1~4岁、5~9岁、10~14岁和15~19岁五个年龄组的男女性别比，从结果可以看出，五个年龄组的交互项系数均不显著，说明相邻县区打击"两非"的行政干预手段并不能有效降低当地的出生性别比，这排除了行政干预的作用，也就说明"关爱女孩行动"之所以能够降低试点县区的出生性别比，主要是通过经济激励诱导人们主动改变生育行为，因此，真实的经济激励是这些地区出生性别比变化的根本动因。

表4.9 替代性假说：经济或者行政

变量	0岁	1~4岁	5~9岁	10~14岁	15~19岁
相邻县×*D*2010	-1.299 (1.729)	-1.749 (1.371)	-0.640 (1.061)	2.039 (2.204)	1.655 (1.478)
人均GDP	0.00001 (0.00002)	0.00001 (0.00002)	-0.00001 (0.00002)	0.0002 (0.0002)	0.0001*** (0.00003)
城市化率	0.005 (0.007)	-0.012 (0.009)	-0.002 (0.005)	0.014 (0.011)	0.002 (0.008)
少数民族比重	-0.135 (0.129)	-0.063 (0.088)	-0.037 (0.052)	0.113 (0.210)	-0.165 (0.159)
人均土地面积	-0.00007 (0.00008)	-0.0002*** (0.00002)	-9.35e-06 (0.00004)	0.0002*** (0.00006)	-0.0003*** (0.00009)
女性受教育年限	0.001 (0.698)	-0.937 (0.693)	1.885*** (0.529)	2.959** (1.090)	-2.918*** (0.874)
Within R^2	0.0025	0.0204	0.091	0.008	0.092
县区数量	2288	2288	2288	2288	2288
样本量	4298	4298	4298	4298	4298
数据范围	县区	县区	县区	县区	县区

注：所有回归均为固定效应模型，Cluster到省层面，**和***分别表示在5%和1%的水平上显著。

4.5.2 女性受教育程度的改善

在"关爱女孩行动"的实施方案中，针对独女户和纯女户的主要扶持政策包括教育、社保和奖励三大类，在人口普查数据中，并没有针对社保和经济状况的调查，而在其他加总的数据中，也没有办法将针对独女户和纯女户的社保和奖励扶持的作用分离出来，因此我们无法直接衡量“关爱女孩行动”这两方面的效应。不过，历次的人口普查数据都对教育情况进行了详细的调查，在六普的分县数据中，分性别的教育情况有“未上过学、小学、初中、高中、大专、本科及以上”六个等级，并且还公布了加权后的分性别的平均受教育年限。“关爱女孩行动”在教育方面对独女户和纯女户进行了大幅度的倾斜，在高中入学考试时分别加分10~30分，对考入大学的女孩提供一定额度的奖学金，在中学的学习期间，对学杂费等进行了减免，因此，“关爱女孩行动”不仅降低了女孩的教育费用，提高了试点县区的独女户和纯女户的积极性，也降低了女孩进入重点高中的门槛，从而增加了女孩进入大学的概率。

“关爱女孩行动”最早于2003年实施，至2010年，受其影响的第一批女孩已经从大学毕业，因此，基于六普中分性别、分教育段的人口普查数据，我们可以检验“关爱女孩行动”对女性教育程度的作用。我们分别计算了大专及以上学历女性人数占总人数的比重、本科及以上学历女性人数占总人数的比重，以及女性平均受教育年限，利用2010年和2000年的双重差分来估计对教育的影响，与此同时，我们还采用2000年和1990年的双重差分估计作为反事实检验。从表4.10中可以看出，“关爱女孩行动”显著提高了试点县区的女性受教育程度，其中，大专及以上学历女性占比提高了4.606‰，本科及以上学历女性占比提高了1.33‰，这一方面说明倾斜性政策作用的存在，另一方面也说明其作用随着教育层次和难度的提高而下降。如果从绝对量来看，“关爱女孩行动”使得试点县区的女性受教育年限显著增加了0.792年，考虑到2010年全国平均受教育年限为8.2年，“关爱女孩行动”的教育效应约占平均水平的10%。

与此同时，反事实检验证实了“关爱女孩行动”的作用，在1990—2000年，试点县区并没有实施“关爱女孩行动”，因此这些县区在五普和四普之间，其女性受教育年限没有明显的增加。不仅如此，在此期间的本科及以上学历女性占比反而有了一定程度的下降，说明在“关爱女孩行动”之前，这些地区的女性定位是相对较低的。表 4. 10 中其他变量的系数也是非常稳健的，总体来看，人均 GDP 与女性受教育程度显著正相关，说明经济越发达的地区，女性相对来说越能获得更公平的教育机会；而人均土地面积与受女性教育程度负相关，说明传统的农业种植区域不重视女性教育。

表 4. 10　女性受教育状况的改善

变量	大专及以上学历占比（‰）		本科及以上学历占比（‰）		受教育年限	
	2010 年 vs 2000 年	2000 年 vs 1990 年	2010 年 vs 2000 年	2000 年 vs 1990 年	2010 年 vs 2000 年	2000 年 vs 1990 年
试点×*D*2010	4. 606*** (1. 669)	−0. 565 (0. 954)	1. 330** (0. 645)	−0. 257** (0. 101)	0. 792*** (0. 143)	0. 312 (0. 396)
人均 GDP	0. 0005*** (0. 0001)	0. 0009*** (0. 0002)	0. 0002*** (0. 00002)	0. 0001*** (0. 00002)	0. 00003*** (6. 12e−06)	0. 0002*** (0. 00003)
城市化率	0. 008 (0. 014)	0. 010 (0. 018)	0. 004 (0. 005)	−0. 001 (0. 001)	0. 001 (0. 001)	−0. 011*** (0. 003)
少数民族比重	0. 321 (0. 190)	0. 255*** (0. 053)	0. 175** (0. 081)	0. 042** (0. 016)	0. 011 (0. 017)	0. 032 (0. 025)
人均土地面积	−0. 0003* (0. 0001)	−0. 0001* (0. 00006)	−0. 0001** (0. 00004)	−0. 0001*** (0. 00002)	−0. 00002** (9. 30e−06)	−0. 0001*** (0. 00004)
Within R^2	0. 489	0. 700	0. 398	0. 610	0. 386	0. 594
县区数量	2307	2293	2307	2293	2307	2293
样本量	4334	2792	4334	2792	4334	2792
数据范围	县区	县区	县区	县区	县区	县区

注：所有回归均为固定效应模型，Cluster 到省层面，*、** 和 *** 分别表示在 10%、5%和 1%的水平上显著。

4. 6　小结

自 20 世纪 80 年代以来，我国出生性别比失衡状况日益严峻，成为全球出生性别比失衡最严重的国家之一，出生性别比失衡带来了一系列的经济和社会难题。我国政府尝试采取多种方法对出生性别比进行干预，如改变重男轻女的文化观念和歧视女性的社会环境、加大行政监管力度、进行技术手段控制，等等，但是政策干预的效果并不明显。这是因为在人口经济学的研究中，生育行为根源于经济动机，因此要想彻底改变出生性别比失衡的难题，则要改变生育行为背后的经济动机，具体来说，则要提高生育女孩的相对收益。

2003 年由国家人口计生委实施的“关爱女孩行动”，在全国选择了 24 个县区作为试点，该行动在教育、社保等方面给予独女户和纯女户一系列的奖励和扶持政策，极大地提高了试点县区生育女孩的相对收益。本章则基于“关爱女孩行动”这一自然实验，采用倍差法考察试点政策对 0 岁和 1~4 岁性别比的影响，发现“关爱女孩行动”这一项目的实施可以使出生性别比下降 12 个百分点。为了获得进一步稳健性的结论，我们还排除了县区异质性、瞒报、移民和试点县区选取标准的影响。通过对地理相邻县区的研究，我们发现“关爱女孩行动”主要是通过经济激励发挥作用，而打击“两非”的行政干预的效应并不明显，这证实了真实经济激励改变生育行为的可行性。通过六普和五普数据的双重差分，我们也证实了“关爱女孩行动”切实提高了试点县区的女性地位，其中大专及以上学历女性占比提高了 4.606‰，本科及以上学历女性占比提高了 1.33‰，女性受教育年限显著增加了 0.792 年，提高了当地女性的受教育程度。

“关爱女孩行动”系列政策使得出生性别比出现了大幅下降，从而不断趋于平衡，这一研究结论可以为整个东亚国家出生性别比失衡的治理提供很多政策启示。首先，政府应该不断加大针对女孩的倾斜政策力度，尤其要提供经济奖励和扶持，增加女孩收益、提高男孩相对成本，不断提高女性的社会地位，从经济动机的角度改善出生性别比失衡现状。其次，应该完善社会养老和医疗制度，一方面减轻子女的经济负担，避免“养儿防老”恶化出生性别比失衡，另一方面还要发展相关产业。最后，在当前实行“全面两孩”政策的背景下，可以出台适当的鼓励生育补贴计划，出生性别比失衡部分来自家庭利用质量替代数量，当子女数量约束放松后，那些有男孩偏好的家庭可以通过生育多胎来达到目的，这样就可以从总量上维持出生性别比的平衡。

"关爱女孩行动"试点县区五普出生性别比见附表1。

附表1 "关爱女孩行动"试点县区五普出生性别比

序号	第一批试点单位	0岁性别比	第二批试点单位	0岁性别比
1	江苏东海	153.49	北京昌平	105.10
2	安徽怀远	126.64	河北宁晋	134.94
3	福建安溪	135.35	辽宁大石桥	123.69
4	江西临川	122.63	上海宝山	112.07
5	河南郾城	141.39	山东薛城	115.38
6	湖北红安	143.27	吉林德惠	120.51
7	湖南祁东	150.24	天津静海	132.71
8	广东阳东	151.59	浙江苍南	135.03
9	广西钦北	146.14	云南会泽	133.79
10	海南万宁	146.27	山西平遥	138.60
11	陕西岐山	148.45	重庆彭水	150.02
12			四川高县	136.59
13			甘肃麦积	117.28
平均		142.31	平均	127.36

数据来源：人口普查数据（2000）。

5　政府经济激励的微观机制

5.1　引言

中国的出生人口性别比失衡问题始于20世纪80年代初期，1982年第三次人口普查显示，全国29个省份全年出生婴儿性别比已达到108.47，超过了联合国认定的出生性别比的正常值域（102~107），绝大多数省份也开始出现出生婴儿性别比偏高现象，并伴随逐渐上升的趋势。人口普查数据和1%抽样调查的数据显示：1990—2005年，就全国出生人口性别比而言，存在一个平稳上升的趋势，到2005年已达到120.49，较大程度地偏离了正常值域，2005年以后，全国出生婴儿性别比才逐渐呈现出下降的趋势。在文献综述部分，我们已经详细地梳理了出生性别比失衡的影响和直接原因、经济根源，我们重点关注的是出生性别比失衡背后的经济动机。在第4章的研究内容中，我们基于国家人口计生委2003年启动的“关爱女孩行动”，系统地考察了全国24个试点县区的政策效应，研究发现来自政府的经济激励可以促进出生性别比的下降，缓解严峻的出生性别比失衡现状，促进女孩教育水平的改善。

生育行为和出生性别比在与家庭相关的婚姻、就业、养老等问题中至关重要。Malthus（1798）就开始关注家庭的生育决策以及家庭决策如何受到经济激励的影响。在微观经济学家庭生育理论中，Becker（1960）提出孩子在家庭中是一种正常商品，生育行为是家庭对孩子需求的理性经济反应，假定家庭的收入水平一定，家庭可以按照偏好来选择最优的消费品组合。在文献中，有一系列研究集中考察了政府经济激励与家庭决策之间的关系。有学者关注政府的奖励计划，很多研究基于印度的经验证据，发现奖励计划可以提高女孩的出生率，改善女孩的教育、医疗水平（Sinha and Yoong，2009）。还有一些文献关注女性工资福利和税收优惠政策（Ohinata，2011；Azmat and Gonzalez，2010），可以改善生育决策，提高女性的劳动力供给。产假福利改革和儿童照料补贴也是本书在文献中非常关注的两个重要方面（Raute，2014；Haan and Wrohlich，2011）。

在已有的文献中，大部分研究是基于奖励计划、福利改革和优惠补贴等，考察这些来自政府的经济激励政策如何影响家庭的生育偏好和女性的劳动力供给等，很少有研究进一步考察经济激励政策在家庭经济收入、社会保障、医疗卫生等方面的效应，本章的研究内容可以说是一个尝试。2003 年开始实施的“关爱女孩行动”为我们的研究提供了很好的契机，这次由国家人口计生委主导的政策试点，在全国范围内选择了 24 个县区作为试点县区，给予试点县区的独女户和纯女户（两个女孩）一系列的奖励和扶持政策，包括教育、医疗、养老和一次性奖励等方面。在第 4 章的研究中，我们已经系统考察了全国 24 个试点县区的政策效应，研究发现来自政府的经济激励可以促进出生性别比的下降，缓解严峻的出生性别比失衡现状，促进女孩教育水平的改善。通过对“关爱女孩行动”试点政策的详细梳理，我们知道试点政策不仅包括教育支持，还涉及奖励扶持和社保、医疗方面的优惠政策。来自政府的经济激励政策对家庭经济收入、社会保障、医疗健康等方面的效应，即政府经济激励的微观作用机制，是我们在本章重点研究的内容。

在本章的研究中，我们考察“关爱女孩行动”24 个国家试点县区之一的会泽县，详细梳理了会泽县的试点政策，基于中国城镇住户调查 2002—2004 年的家庭追踪调查数据，采用双重差分法，研究“关爱女孩行动”的政策效应。我们的研究发现，“关爱女孩行动”的开展，可以使得试点县区独女户和纯女户的总收入提高 5891 元、家庭的社会保障支出和医疗基金支出分别增加 739.6 元和 112.3 元，与此同时，可以使得试点地区生育女孩家庭的女性总收入提高 2809 元、母亲的社会保障支出和医疗基金支出分别增加 409.1 元和 48.03 元，说明对于试点县独女户和纯女户的政策效应是非常显著的。我们进一步地排除了共同趋势假说，并考察“关爱女孩行动”对试点县男孩家庭的政策效应，发现对试点县男孩家庭的政策效应并不显著，有效排除了当期会泽县其他经济发展优惠政策的干扰。我们也根据家庭中女孩的年龄进行了异质性检验，发现对于试点县女孩年龄在 18 岁及以下的家庭来说，“关爱女孩行动”的政策效应会相对更强。同样地，通过对地理相邻县区的研究，我们发现“关爱女孩行动”主要是通过经济激励发挥作用，而打击“两非”的行政干预效应并不显著。

本章的研究内容考察政府经济激励的微观机制，证实了“关爱女孩行动”可以改善试点县区独女户和纯女户的收入和社保、医疗水平，说明来自政府的经济激励可以有效改善家庭决策，提高家庭的经济收入、社会保障和医疗健康水平，这是对相关文献的一个补充，也可以为政策制定者提供一定的启示。

本章其他部分的安排如下：第二部分是政策背景，第三部分是研究假说和研究设计，第四部分是基本的回归结果和稳健性检验，第五部分是作用机制分析，第六部分是本章的结论及政策建议。

5.2 政策背景

20 世纪 90 年代以来，我国面临着严峻的出生性别比失衡问题，引起了政府和社会各界的广泛关注，政府采取了一系列法律、行政和经济手段，力图遏制出生性别比失衡的趋势。在第 4 章内容中已经详细提到，为了能够从根源上纠正家庭对男孩的偏好，扭转出生性别比失衡现状，国家人口计生委于 2003 年启动了“关爱女孩行动”，通过一系列经济政策和社会保障制度，诱导家庭改变其生育行为。具体来说，针对农村中的独女户和纯女户（两个女孩），该行动提供了一系列的奖励和扶持政策。概括来说包括四大类：①教育支持；②父母的社会保障；③经济奖励；④政策扶持。从“关爱女孩行动”的具体措施来看，既有一次性的现金奖励，更有着眼于长远的利益诱导机制，如提高了女孩的教育优势，解决了其父母的养老和医疗问题，尝试逆转“养儿防老”动机对生育行为的影响。由于不清楚“关爱女孩行动”的具体效应，国家人口计生委采取了政策试点的方案，分两批在全国一共挑选了24个县区作为试点，其中2003年第一批试点县区来自五普中出生人口性别比高于120的11个省区，每省区各挑选一个试点县区，到2004年，试点政策扩散到另外13个省市。

本章我们以会泽县为例，重点研究“关爱女孩行动”政策的微观机制。会泽县位于云南省曲靖市，属于国家级贫困县、云南省第三大人口县，经济、制度、文化等各方面的发展相对落后，恶劣的生存环境、传统守旧的生育观念、不健全的社会保障机制，导致了当地对男性劳动力的过度依赖，出生性别比严重失衡。在2000年第五次人口普查中，会泽县的出生性别比高达133.79，严重高出了出生性别比的正常范围，它被选为“关爱女孩行动”的全国24个试点县区之一。统计数据显示，会泽县2003年底的出生性别比为146.05，到2004年7月，“关爱女孩行动”政策实施半年以来，出生性别比为143.36，下降了2.69个百分点，这种改善是非常显著的。本章针对会泽县的“关爱女孩行动”政策进行梳理总结，主要包括：①经济奖励。对仅生育一个女孩的独生子女家庭，在云南省奖励基础上，县政府再给予500元的奖励。②建立明确的责任追究和奖惩制度。将乡镇领导、计生干部的考核绩效与出生性别比的减少力度挂钩。③教育支持。对考取重点中学和本科院校的独女户和双女户家庭发放奖励金。④成立孕情跟踪管理小组。保障孕妇和胎儿的医疗健康。⑤规范立法。加大打击“两非”的力度，严厉打击遗弃、溺弃女婴及拐卖妇女儿童等违法行为。⑥保健服务。为已婚育龄妇女提供完善的生育、节育保健等服务。⑦政策扶持。各部门加大对农村纯女户的扶持力度。⑧舆论宣传和经费扶持。县每年投入至少10万元的配套资金。从会泽县“关爱女孩行动”的具体措施来看，既营造了关爱女孩的文化氛围，加大了打击不利于妇女儿童健康发展的行政手段力度，也为女孩家庭的教育、医疗、养老和社会保障等多方面提供了经济扶持。

5.3 理论假说和研究设计

5.3.1 理论假说

Becker（1960）提出孩子在家庭中是一种正常商品，生育行为是家庭对孩子需求的理性经济反应，假定家庭的收入水平一定，家庭可以按照偏好来选择最优的消费品组合。在文献中，家庭偏好生育男孩的背后有其内在的经济动机，有一系列研究集中考察了政府经济激励与家庭决策之间的关系。有学者关注政府的奖励计划，很多研究基于印度的经验证据，发现奖励计划可以提高女孩的出生率，改善女孩的教育、医疗水平（Sinha and Yoong，2009）。还有一些文献关注女性工资福利和税收优惠政策（Ohinata，2011），可以改善生育决策，提高女性的劳动力供给。还有一些文献关注产假福利改革和儿童照料补贴（Raute，2014；Haan and Wrohlich，2011）。

在已有的文献中，大部分研究是基于奖励计划、福利改革和优惠补贴等，考察这些来自政府的经济激励政策如何影响家庭的生育偏好和女性的劳动力供给等，很少有研究进一步深入考察经济激励政策在家庭经济收入、社会保障、医疗卫生等方面的效应，本章的研究内容可以说是一个尝试。在第4章的分析中，我们已经考察了经济激励对出生性别比的影响，可以改善家庭的生育决策，并且“关爱女孩行动”可以改善女孩的受教育情况。但通过对“关爱女孩行动”政策的梳理，不仅涉及对女孩教育的支持，还包括对女孩家庭经济收入、父母养老、社会保障等方面的政策支持，在本章的分析中，我们将深入探讨政府经济激励的微观机制。

5.3.2 实证策略

本章的研究方法依然使用的是DID，目的在于在控制其他因素后分别检验会泽县生育女孩家庭的总收入、社会保障支出、医疗基金支出以及母亲收入、母亲社保和医疗支出等，相对于其他县区家庭以及会泽县生育男孩家庭是否存在显著差异。DID 非常适用于本章内容的研究：首先，尽管试点地区会泽县本身属于出生性别比失衡较为严重的县区，出生性别比存在自我纠偏的可能性（Wei and Zhang，2011），但本书并非是在出生性别比状况相对较好地区考察“关爱女孩行动”的试点效果，这一情况基本可以满足双重差分法对于政策干预外生性的要求，我们可以通过该方法来分析会泽县“关爱女孩行动”的政策效应。其次，会泽县在 2004 年被确定为国家级试点单位，有非常清晰的时间节点。最后，会泽县的奖励和控制政策面向全县所有符合条件的女孩家庭实施，政策的效果会比较干净。

我们建立的 DID 模型如下：

$$Household_{it}=\alpha+\beta_1 Treat_i \times D2004+\gamma X+\varepsilon \tag{5.1}$$

其中，*Household* 是我们关注的一些家庭核心变量，主要包括家庭总收入、社会保障支出、医疗基金支出以及母亲收入、母亲社保和医疗支出等，*Treat* 是用来区分实验组和对照组，实验组为 UHS 调查数据中会泽县生育女孩的家庭（$Treat=1$），对照组为 UHS 调查数据中其他未进行国家试点的县区和会泽县生育男孩的家庭（$Treat=0$），*D*2004 为政策前后的虚拟变量，“关爱女孩行动”于 2004 年在会泽县开始实施，因此 2004 年取 1，2002 年、2003 年取 0，*Treat* 和 *D*2004 交互项的系数 β_1 即为我们关注的政策效应，如果该系数显著为正，则说明试点县区的相关政策使得生育女孩家庭在经济收入、社会保障等方面有所提高，母亲及女孩的生存状况得到改善。*X* 为控制变量，在本章的研究内容中，我们在计量模型中纳入了一些核心控制变量，主要控制了家庭中户主的户籍情况、民族特征和受教育程度。同样，我们在回归模型中控制了地区和年份的双向固定效应。

5.3.3 数据处理

在第 4 章的研究中，我们使用的是中国 1990 年、2000 年和 2010 年的人口普查数据、中国县市社会经济统计年鉴等，主要考察了县区层面的分年龄段出生性别比和女孩受教育情况。在本章研究内容中，我们采用的是来自国家统计局的城镇住户调查数据（Urban Household Survey，UHS），这套数据涵盖了翔实的家庭层面和个人层面的变量，家庭层面主要包括家庭总收入、家庭人口数、居住情况、现金收支、家庭储蓄和消费等，个体层面主要包括与户主关系、性别、年龄、文化程度、就业情况、工资、总收入等，非常全面地覆盖了家户经济收入、社会保障、养老、医疗等方面的信息，可以满足我们研究的需要。

本章采用的是 UHS 调查中 16 个省份的家户数据，分别为北京市、山西省、辽宁省、黑龙江省、上海市、江苏省、安徽省、江西省、山东省、河南省、湖北省、广东省、重庆市、四川省、云南省、甘肃省，分布于中国的华北、东北、华东、华中、华南、西南、西北地区，在地理位置和经济发展水平上都具有较好的代表性。城镇住户调查开展过程中，每年在全国范围内使用分层抽样的方法进行随机抽样，为了更好地保证调查数据的代表性，并没有对城镇家户进行完整的跟踪调查，而是采取每年轮换 1/3 调查城镇中经常性调查户的方法，换言之，每年都会有 1/3 的样本家户退出调查，再从大样本调查样本中抽选出新的调查户进行替代，因此 UHS 数据的一个显著优势是具有很强的全国代表性，缺点在于缺乏完整长期的家户跟踪调查数据。本章研究采用的是双重差分法，需要考察试点前后试点家户相对于其他家户，是否存在经济收入的提高和社会保障、医疗健康的改善等，因此我们从上述 16 个省份的家户数据中手工整理出 2002—2004 年三年跟踪调查的家户样本数据，一共覆盖了 16 个省份、104 个县区、3304 个家户的数据。幸运的是，“关爱女孩行动”试点单位会泽县的 36 户调查样本也在我们整理的跟踪数据中，为本章的研究提供了一个契机。在本章的后半部分，为了对政策效应进行更细致的讨论，我们同样结合 GIS 地图和不同县区之间的地理距离，收集整理了会泽县的相邻县区名单。

5.4 回归结果及稳健性检验：家庭收入和社保、医疗支出

5.4.1 基本结果

在第 4 章的研究中，我们采用中国人口普查数据和县市社会经济统计年鉴等数据，较为详细地评估了“关爱女孩行动”的政策效应，研究发现，“关爱女孩行动”这一项目的实施可以使出生性别比显著下降 12 个百分点。为了获得进一步稳健性的结论，我们还排除了县区异质性、瞒报、移民和试点县区选取标准的影响。通过对地理相邻县区的研究，我们发现“关爱女孩行动”主要是通过经济激励发挥作用，而打击“两非”的行政干预效应并不明显，这证实了真实经济激励改变生育行为的可行性。通过六普和五普数据的双重差分，我们也证实了“关爱女孩行动”改善了试点县区的女性地位，提高了当地女性的受教育程度。但正如我们在本章第二部分政策背景中所提到的，在“关爱女孩行动”的实施方案中，针对独女户和纯女孩家庭的主要扶持政策包括教育、社保和奖励三大类，在人口普查数据中，对教育情况进行了详细的调查，但并没有针对社保和经济状况的调查，而在其他加总的数据中，也没有办法将针对独女户和纯女户的社保和奖励扶持的作用分离出来，因此我们无法直接衡量“关爱女孩行动”这两方面的效应，而这两方面的效应与独女户和纯女户的经济生活状况紧密联系，也是政策制定者和社会各界普遍关注的问题。

在本章中，为了厘清政府经济激励的微观机制，更加深入地探究“关爱女孩行动”中社保和奖励扶持政策的效应，提供更加完善的政策启示，我们从 UHS 调查数据中手工整理出 2002—2004 年 16 个省份、104 个县区、3304 个家庭的连续三年跟踪调查数据，这套数据涵盖了翔实的家庭层面和个人层面的变量，非常全面地调查了家户经济收入、社会保障、养老、医疗等方面的信息，可以很好地满足我们进一步研究的需要。表 5.1 给出了

基本的回归结果，其中前三个回归仅考虑了试点县区和时间虚拟变量的交互项。我们分别考察了家庭总收入、家庭社会保障支出和家庭医疗基金支出三个指标，其中家庭总收入和家庭社会保障支出的系数在1%的水平上显著为正，家庭医疗基金支出的系数在10%的水平上显著为正，说明在不控制其他因素的情况下，“关爱女孩行动”可以显著提高试点县区独女户和纯女户的经济收入和社会保障状况，改善家庭的医疗卫生水平。

表5.1 基本回归结果

变量	家庭总收入	家庭社会保障支出	家庭医疗基金支出	家庭总收入	家庭社会保障支出	家庭医疗基金支出
试点×$D2004$	5773*** (2，127)	729.4*** (275.5)	104.7* (57.09)	5891*** (2104)	739.6*** (274.0)	112.3** (56.76)
户主户籍情况				−299.8 (770.2)	−429.2*** (87.11)	−31.62** (15.49)
户主民族特征				953.6 (778.1)	−72.38 (81.63)	48.43*** (13.76)
户主文化程度				2205*** (118.5)	137.2*** (13.13)	30.51*** (2.298)
Within R^2	0.0011	0.0006	0.0001	0.0207	0.0105	0.0068
县区数量	3304	3304	3304	3304	3304	3304
样本量	9912	9912	9912	9912	9912	9912
数据范围	家户	家户	家户	家户	家户	家户

注：*、**和***分别表示在10%、5%和1%的水平上显著。

直观地，家庭的收入水平、医疗保障支出等与家庭成员的户籍状况、民族特征和文化程度等密切相关，因此我们在后面三个回归中加入了家户层面的其他控制变量，可以看出，此时会泽县独女户和纯女户的总收入、社会保障支出和医疗基金支出依然显著增加，“关爱女孩行动”的开展，可以使得试点县区独女户和纯女户的总收入提高5891元，家庭的社会保障支出和医疗基金支出分别增加739.6元和112.3元，对于试点县区独女户和纯女户的政策效应是非常显著的。回归结果表明，家庭户主的户籍情况、民族特征和文化程度①也会影响家庭的总收入和社保、医疗基金支出，本市县人口相对于外市县人口、城镇人口相对于农业人口，总收入和社保、医疗基金支出会更高，受教育程度的提高也可以促使家庭收入和社保、医疗基金支出的增加，这一结论与现有研究和我们的预期保持一致。

在已有的相关文献中，生育行为、女性就业与经济激励的关系也是一个备受关注的话题。Lilly 等（2007）基于时间分配模型研究了生育行为和家庭责任对女性劳动力供给行为的影响。Haan 和 Wrohlich（2011）指出政府增加对儿童的照料补贴，可以增加女性在劳动力市场上的供给。在本章第二部分，我们详细地梳理总结了会泽县“关爱女孩行动”的试点政策，我们发现，一方面，会泽县试点以来，出生性别比失衡状况得到缓解，女孩的生存现状和教育、健康等各方面的情况得到改善，另一方面，“关爱女孩行动”中有很多针对已婚女性的奖励和扶持政策，包括经济奖励、政策扶持、生育保健和医疗服务等，因而会泽县“关爱女孩行动”开展以来，对生育女孩家庭中母亲的经济收入和社会保障、医疗健康状况的影响也是本章关注的重要内容。

在表 5.2 的回归结果中，我们分别考察了试点政策对会泽县生育女孩家庭母亲总收入、社会保障支出和医疗基金支出的影响，政策效应都是非常显著的。我们的研究发现，“关爱女孩行动”可以使得试点地区生育女孩家庭的母亲总收入提高 2809 元，并在 1%的水平上显著，与此同时，母亲的社会保障支出和医疗基金支出分别显著增加了 409.1 元和 48.03 元，同样地，在回归模型中，我们对母亲的户籍情况、民族特征和受教育情况等其他影响因素进行了控制，回归系数依然与我们的预期相一致。

---

① 户籍情况：1 为本市县非农户口，2 为本市县农业户口，3 为外地非农户口，4 为外地农业户口；民族特征：1 为汉族，2 为少数民族；文化程度：1 为未上学，2 为扫盲，3 为小学，4 为初中，5 为高中，6 为中专，7 为大专，8 为本科，9 为研究生。

表 5.2 母亲的政策效应

变量	母亲总收入	母亲社会保障支出	母亲医疗基金支出
试点×$D2004$	2809*** (987.2)	409.1*** (138.2)	48.03* (25.51)
母亲户籍情况	-464.7 (311.0)	-98.23*** (37.14)	-7.124 (6.260)
母亲民族特征	1423*** (324.8)	136.0*** (35.81)	47.84*** (5.847)
母亲文化程度	1934*** (53.15)	120.7*** (6.192)	20.75*** (1.033)
Within R^2	0.0524	0.0215	0.0102
县区数量	3304	3304	3304
样本量	9912	9912	9912
数据范围	家户	家户	家户

注：*和***分别表示在10%和1%的水平上显著。

5.4.2 稳健性检验

所有采用DID方法的研究都需要满足一个基本前提假设：共同趋势，即处理组和控制组在政策实施之前随时间变化的趋势相同，特别是不能出现与政策效应同方向的变化。在本研究中，如果试点县区的独女户和纯女户总收入、社会保障支出、医疗基金支出在政策实施之前就出现更快的上升趋势（相对非试点县区家庭和试点县区男孩家庭），那么在表5.1和表5.2中看到的结果就可能是共同趋势本身带来的，从而对政策效应造成高估，即虚假实验，在上一个时间段设置一个假想实验，如果此时的政策效应也显著为正，则说明不满足共同趋势假说。会泽县的“关爱女孩行动”是在2004年实施的，因此假想实验可以设置在2003年，我们基于中国城镇住户调查2002—2003年的追踪调查家户样本进行安慰剂检验，表5.3的三个回归分别考察了家庭总收入、家庭社会保障支出和家庭医疗基金支出，可以看出此时的虚假实验的系数并不是显著为正的，无论是家庭总收入，还是家庭社会保障支出抑或家庭医疗基金支出，系数虽然为正但并不显著，这说明表 5.3 的估计没有高估“关爱女孩行动”对试点县区独女户和纯女户的效应。

表 5.3　倍差法的共同趋势检验：家庭

变量	家庭总收入	家庭社会保障支出	家庭医疗基金支出
试点×$D2003$	2545 (2057)	435.3 (266.2)	37.23 (52.17)
户主户籍情况	823.5 (845.1)	-288.1*** (91.29)	37.31 (34.32)
户主民族特征	2188*** (836.4)	80.98 (83.93)	-100.5 (78.89)
户主文化程度	2297*** (126.0)	129.2*** (13.60)	40.07*** (5.136)
Within R^2	0.0371	0.0143	0.0188
县区数量	3304	3304	3304
样本量	6608	6608	6608
数据范围	家户	家户	家户

注：***表示在 1%的水平上显著。

在表 5.2 中，我们已经分别考察了试点政策对会泽县生育女孩家庭母亲总收入、社会保障支出和医疗基金支出的影响，政策效应都是非常显著的，“关爱女孩行动”可以显著增加试点地区生育女孩家庭的母亲总收入、社会保障支出和医疗基金支出。同样地，为了有效排除共同趋势假说，我们基于中国城镇住户调查 2002—2003 年的追踪调查家户样本进行安慰剂检验，通过表 5.4 可以看出此时虚假实验的结果都是不显著的，说明在“关爱女孩行动”试点之前，会泽县生育女孩家庭母亲的总收入、社会保障支出、医疗基金支出等，相对于非试点县区家庭和会泽县生育男孩家庭并没有更高，这表明在表 5.2 中，我们并没有高估“关爱女孩行动”对试点县区生育女孩家庭母亲的政策效应。

表 5.4 倍差法的共同趋势检验：母亲

变量	母亲总收入	母亲社会保障支出	母亲医疗基金支出
试点×$D2003$	971.2 (1012)	74.29 (154.9)	-10.24 (27.23)
母亲户籍情况	-594.2* (347.5)	-245.1** (99.32)	-11.39 (17.46)
母亲民族特征	1226*** (333.9)	81.38 (186.8)	3.233 (32.85)
母亲文化程度	1894*** (56.32)	116.7*** (15.57)	16.40*** (2.737)
Within R^2	0.058	0.019	0.011
县区数量	3304	3304	3304
样本量	6608	6608	6608
数据范围	家户	家户	家户

注：*、**和***分别表示在10%、5%和1%的水平上显著。

在表5.1中，我们已经得出结论："关爱女孩行动"的开展，可以使得试点县区独女户和纯女户的总收入提高5891元，家庭的社会保障支出和医疗基金支出分别增加739.6元和112.3元，对于试点县区独女户和纯女户的政策效应是非常显著的。但这一效应很可能是由于会泽县政府在当期同时推行了其他一些改善当地经济发展水平的优惠政策，我们在评估"关爱女孩行动"政策效应时，也捕捉到了这些优惠政策的效应，这就可能对我们的回归结果造成一定程度的高估。为了有效排除当期试点单位其他经济发展优惠政策的影响，我们选取试点县的男孩家庭作为参照，会泽县开展"关爱女孩行动"，并制定了一系列奖励和扶持政策，但这些政策主要针对的是独女户和纯女户，对当地生育男孩的家庭并没有影响，因此我们认为会泽县生育男孩的家庭是一个很好的参照组。我们在回归中将试点县区男孩家庭设为实验组，其他县区家庭设为对照组，表5.5给出了这项稳健性检验的结果。可以发现，试点县生育男孩的家庭，相对于其他县区家庭而言，家庭总收入、社会保障支出和医疗基金支出并没有表现出更多的增加，说明试点县区并没有其他的经济发展优惠政策会对我们的研究结论造成干扰，表 5.1 中估计的“关爱女孩行动”政策效应并不存在高估的现象。

表 5.5 稳健性检验：同期其他政策

变量	家庭总收入	家庭社会保障支出	家庭医疗基金支出
试点县男孩×*D*2004	1070 (1797)	125.0 (239.2)	38.76 (50.80)
户主户籍情况	−765.8 (686.6)	−427.0*** (79.47)	−31.27** (15.48)
户主民族特征	211.8 (703.1)	−238.9*** (77.03)	49.26*** (13.74)
户主文化程度	2218*** (106.2)	137.2*** (12.11)	30.37*** (2.301)
Within R^2	0.1018	0.0462	0.0069
县区数量	3288	3288	3288
样本量	9864	9864	9864
数据范围	家户	家户	家户

注：**和***分别表示在5%和1%的水平上显著。

会泽县开展“关爱女孩行动”以来，针对当地的独女户和纯女户制定了一系列的奖励和扶持政策，在这些政策中，教育支持主要是针对就读初高中阶段的女孩，提供一定额度的助学奖励金，因而对于试点县区的女孩家庭，当女孩处于不同年龄段时，“关爱女孩行动”的政策效应是否会存在一定的差异呢？为了更好地分析这一问题，我们进一步地进行政策效应的异质性检验，特别关注女孩年龄在 18 岁及以下时，试点县区“关爱女孩行动”的政策效应。表 5.6 给出了异质性检验的结果，研究发现，对于会泽县女孩年龄在 18 岁及以下的家庭来说，“关爱女孩行动”的开展，可以使得这些女孩家庭的总收入、社会保障支出和医疗基金支出在 1%的水平上显著提高，其中家庭总收入增加 6590 元，家庭社会保障支出和医疗基金支出分别增加862.4元和166.8元。在表5.1中，我们已经发现“关爱女孩行动”的开展，可以使得试点县区独女户和纯女户的总收入提高5891元，家庭的社会保障支出和医疗基金支出分别增加739.6元和112.3元。对比发现，对于试点县区女孩年龄在18岁及以下的家庭来说，“关爱女孩行动”的政策效应会相对更强。

表5.6 异质性检验：女孩年龄

变量	家庭总收入	家庭社会保障支出	家庭医疗基金支出
试点×$D2004$	6590*** (2396)	862.4*** (324.2)	166.8*** (61.03)
户主户籍情况	815.2 (905.5)	-420.0*** (115.1)	-36.18** (16.16)
户主民族特征	3248*** (855.2)	5.324 (108.5)	49.53*** (15.14)
户主文化程度	2424*** (135.3)	157.9*** (17.42)	35.87*** (2.556)
Within R^2	0.0246	0.0155	0.0137
县区数量	2339	2339	2339
样本量	6210	6210	6210
数据范围	家户	家户	家户

注：**和***分别表示在5%和1%的水平上显著。

5.5 作用机制分析

在基本回归部分，我们已经得出结论：“关爱女孩行动”的开展，可以使得试点县区独女户和纯女户的总收入提高5891元，家庭的社会保障支出和医疗基金支出分别增加739.6元和112.3元，与此同时，“关爱女孩行动”可以使得试点地区生育女孩家庭的女性总收入提高2809元，母亲的社会保障支出和医疗基金支出分别增加409.1元和48.03元。但是我们不能就此认为完全是经济激励的作用。有文献基于时间分配模型，考察子女数量和家庭照料责任对女性劳动供给和劳动收入的影响（Liu et al.，2010；Maurer-Fazio et al.，2011），家庭照料责任的缓解可以增加女性的劳动供给和劳动收入。在评估“关爱女孩行动”政策效应时，我们注意到，一方面，会泽县试点以来，出生性别比失衡状况得到缓解，女孩的生存现状和教育、健康状况也得到改善，另一方面，“关爱女孩行动”中有很多针对已婚女性的奖励和扶持政策，包括经济奖励、政策扶持、生育保健和医疗服务等。这些直接针对独女户和纯女户的奖励和扶持政策会促使其总收入和社保、医疗支出的增加，而女孩生存、教育和健康状况的改善，当地出生性别比失衡的缓解，也会间接改善独女户和纯女户母亲的就业收入情况，促使家庭总收入和社保、医疗支出的增加。在我们的分析中，试点县奖励和扶持政策的直接效应可以认为是比较“干净”的，但当地出生性别比失衡缓解对女性就业的间接改善效应却不太“干净”。因为会泽县在开展“关爱女孩行动”时，除了针对教育、社保等制定了一系列的奖励和扶持政策之外，还同时强化了行政干预和立法立规，特别是加大了打击“两非”的力度。既有的关于出生性别比失衡的研究发现，虽然计划生育的数量限制是重要根源，但是B超的引进和普及为男孩偏好的实现提供了低成本的手段，进而导致了出生性别比的严重失衡（Li and Zheng，2009；Lin et al.，2014）。因此，规范B超等可以鉴定胎儿性别的技术和设备的使用，从理论上来说是可以增加父母选择性堕胎的成本、在边际上降低出生性别比的。

我们根据地理相邻的原则，将试点县区的相邻县区家庭作为实验组，将其他的非试点县区家庭作为参照组，在本章的研究中，我们考察试点县会泽县，其相邻县市区包括宣威市、沾益区、威宁县、寻甸县、东川区、巧家县和鲁甸县，幸运的是，宣威市属于城镇住户调查数据2002—2004年追踪调查的对象，我们选取宣威市调查家户作为实验组，基于模型（5.1）的倍差法进行估计。由于相邻县仅有行政干预，如果此时的交互项系数显著为正，则说明行政干预能够降低出生性别比，进而改善当地独女户和纯女户的收入和社保、医疗状况，也就意味着我们第四部分的回归存在高估的风险。我们在表 5.7 中，分别考察了家庭总收入、家庭社会保障支出和家庭医疗基金支出三个指标，从结果可以看出，这三项的交互项系数均不显著，说明相邻县区打击“两非”的行政干预手段并不能有效降低当地的出生性别比，进而改善女孩家庭的收入和社保、医疗状况。这排除了行政干预的作用，也说明“关爱女孩行动”之所以能够显著改善试点县区独女户和纯女户的收入和社保、医疗状况，主要是通过经济激励改善独女户和纯女户的经济现状，并诱导人们主动改变生育行为，因此，真实的经济激励是“关爱女孩行动”政策效应的根本动因。

表 5.7 替代性假说：家庭

变量	家庭总收入	家庭社会保障支出	家庭医疗基金支出
试点×D2004	1374 (1481)	226.5 (196.9)	3.973 (41.01)
户主户籍情况	-825.6 (690.6)	-434.7*** (79.74)	-27.56* (14.37)
户主民族特征	205.8 (707.2)	-237.8*** (77.42)	-11.43 (13.44)
户主文化程度	2218*** (106.6)	135.1*** (12.15)	30.60*** (2.169)
Within R^2	0.1015	0.0463	0.0324
县区数量	3268	3268	3268
样本量	9804	9804	9804
数据范围	家户	家户	家户

注：*和***分别表示在10%和1%的水平上显著。

进一步地，我们依然选取相邻县区宣威市的调查家户作为实验组，其他非试点县区的调查家庭作为参照组，考察家庭中母亲的总收入、社会保障支出和医疗基金支出三个指标，表 5.8 给出了相应的回归结果，我们发现，相邻县区家庭的母亲总收入、社会保障支出和医疗基金支出，相对于其他非试点县区家庭而言，并没有表现出显著的增加，进一步排除了行政干预的作用，论证了真实的经济激励是“关爱女孩行动”政策效应的根本动因。

表 5.8　替代性假说：母亲

变量	母亲总收入	母亲社会保障支出	母亲医疗基金支出
试点×$D2004$	556.6 (710.9)	85.96 (100.6)	-7.977 (18.59)
母亲户籍情况	-579.5** (295.5)	-108.5*** (36.24)	-6.188 (6.046)
母亲民族特征	792.6** (321.8)	65.37* (37.12)	20.98*** (6.005)
母亲文化程度	1894*** (50.57)	116.9*** (6.081)	20.30*** (1.004)
Within R^2	0.0913	0.0369	0.023
县区数量	3268	3268	3268
样本量	9804	9804	9804
数据范围	家户	家户	家户

注：*、**和***分别表示在10%、5%和1%的水平上显著。

5.6　小结

自20世纪80年代以来，中国的出生人口性别比一直居高不下，这种出生性别比失衡还伴随着显著的地区差异。出生人口性别比对整体人口性别结构的形成至关重要，长期的出生性别比失衡，不仅会直接导致出生小孩的性别比失衡，而且会影响到适婚年龄的人群，并传递到老年人口，导致整个社会人口结构的不平衡和失调，出生性别比也与经济社会的方方面面息息相关，尤其是家庭中的婚姻、就业决策等，因而对出生人口性别比失衡的治理至关重要。政府一直以来致力于改善我国严峻的出生性别比失衡现状，制定了一系列的政策措施，但效果并不显著。很多学者指出，出生性别比失衡其实根源于背后的经济动机。

国家人口计生委 2003 年和 2004 年在全国出生性别比失衡较为严重的县区，选取了 24 个县区作为“关爱女孩行动”的国家级试点单位，这 24 个试点单位针对当地的独女户和纯女户，制定了一系列的奖励和扶持政策，极大地提高了试点县区家庭生育女孩的经济收益。在第 4 章的内容中，我们已经比较清晰地探讨了“关爱女孩行动”对试点县区出生性别比失衡的改善效应，研究发现，“关爱女孩行动”这一项目的实施可以使出生性别比下降 12 个百分点，我们还排除了县区异质性、瞒报、移民和试点县区选取标准的影响。通过对地理相邻县市区的研究，我们发现“关爱女孩行动”主要是通过经济激励发挥作用，而打击“两非”的行政干预的效应并不明显，这证实了真实经济激励改变生育行为的可行性。通过六普和五普数据的双重差分，我们也证实了“关爱女孩行动”改善了试点县区的女性地位，提高了当地女性的受教育程度。

通过对“关爱女孩行动”政策的梳理总结，我们可以知道试点县区的奖励和扶持政策不仅涉及女孩教育，还包括针对独女户和纯女户的直接经济奖励和社保、医疗优惠政策，但在人口普查数据中，并没有相应的收入、社保指标的调查数据。为了考察“关爱女孩行动”的微观机制，更加全面深入地分析“关爱女孩行动”的政策效应，得出更具启示意义的政策建议，本章基于“关爱女孩行动”24 个国家试点单位之一的会泽县，详细梳理成为“关爱女孩行动”试点以来会泽县推出的一系列奖励和扶持政策，考察试点政策对于会泽县生育女孩家庭收入和社保、医疗的改善效应，研究发现，“关爱女孩行动”的开展，可以使得试点县区独女户和纯女户的总收入提高 5891 元、家庭的社会保障支出和医疗基金支出分别增加 739.6 元和 112.3 元。与此同时，还可以使得试点地区生育女孩家庭的女性总收入提高 2809 元、母亲的社会保障支出和医疗基金支出分别增加 409.1 元和 48.03 元，说明对于试点县区独女户和纯女户的政策效应是非常显著的。我们进一步地排除了共同趋势假说，并考察“关爱女孩行动”对试点县区男孩家庭的政策效应，发现对试点县区男孩家庭的政策效应并不显著，有效排除了当期会泽县其他经济发展优惠政策的干扰。我们也根据家庭中女孩的年龄进行了异质性检验，发现对于试点县区女孩年龄在 18 岁及以下的家庭来说，“关爱女孩行动”的政策效应会相对更强。同样地，通过对地理相邻县市区的研究，我们发现“关爱女孩行动”主要是通过经济激励发挥作用，而打击“两非”的行政干预效应并不显著。本章的研究内容证实了“关爱女孩行动”可以改善试点县区独女户和纯女户的收入和社保、医疗水平，说明来自政府的经济激励可以有效改善家庭决策，提高家庭的经济收入、社会保障和医疗健康水平。

“关爱女孩行动”的奖励和扶持政策改善了生育女孩家庭及母亲的收入和社会保障、医疗健康水平，可以有效改善女孩和妇女各方面的生存环境。在应对出生性别比失衡问题时，政府可以加大对独女户和纯女户的经济扶持力度，这一方面可以提高家庭生育女孩的相对价值，降低家庭对男孩的偏好，有效缓解出生性别比失衡，促进社会整体合理人口结构的构建；另一方面可以改善女性的经济、教育、社保和医疗条件，营造出良好和谐的生育环境和社会文化。

6　市场经济激励与出生性别比再平衡：房价上涨

6.1　引言

我国的住房商品化改革始于1998年，自房改以来，住房价格一直不断攀升。1998年，全国商品房成交的平均价格为1976元每平方米，到2009年，这一价格已经上涨到4695元每平方米（张明，2010）。住房作为中国家庭支出中非常重要的一个组成部分，房价波动与经济社会的方方面面息息相关，家庭在进行消费、储蓄、生育等决策时，都会受到房价波动的影响。很多学者关注房价上涨对家庭储蓄、个体创业的影响。房价的不断上涨会对家庭的多套房决策有显著的正向效应，同时居民储蓄率会显著提高，一方面是为了购房和偿还住房贷款而增加储蓄，另一方面购买多套房的决策也会增加储蓄（李雪松、黄彦彦，2015）。赵西亮等（2013）研究认为中国城镇居民储蓄率的上升并不是由于房价上涨。陈斌开和杨汝岱（2013）研究表明，当住房价格上涨时，将促使城镇家庭的居民“为买房而储蓄”，并以土地供给作为住房价格的工具变量，该文认为应降低地方政府对“土地财政”的依赖，建立起扩大消费需求的长效机制。范子英和刘甲炎（2015）的研究验证了住房市场对中国高储蓄率的贡献，还进一步揭示了房产税改革所带来的收入分配效应。吴晓瑜等（2014）构建职业选择模型，考察房价上涨对人们创业行为影响的财富效应、信贷效应和替代效应，研究发现中国的高房价可能是影响长期经济增长的一个重要渠道。

家庭在进行生育决策时，住房问题是一个非常重要的考量。有一系列文献关注房价波动对家庭生育决策的影响。Dettling 和 Kearney（2014）的研究发现，大城市房价的波动会影响家庭的生育决策，房价的短期增长，会导致租房者生育率的下降，而有房者的生育率显著上升，考虑到整体的住房拥有率，住房价格每上涨 1 万美元，可以促进当期整体的生育率提高 0.8%，相对于失业率，房价上涨对生育率的影响更大。Lovenheim 和 Mumford（2013）使用住房市场的变化来度量家庭财富的变动，使用动态收入面板调查数据，研究发现家庭财富每上涨 10 万美元，生育孩子的概率会提高 16%~18%，房价上涨对租户的生育率没有显著效应，住房财富的变动会提高总和生育率。Kulu（2007）关注住房类型对生育率的影响以及生育模式的变化，基于芬兰数据的研究表明，不同住房家庭之间的生育率水平有显著差异，控制女性的人口和社会经济因素后依然显著。文章进一步的研究表明不同住房类型家庭生育率的变化是由于一种选择性的迁移，长期生活在宽阔的住房与和谐友善的家庭环境中，会导致更高的生育率。易君健和易行健（2008）在标准的新家庭经济学生育率方程中纳入了房价指数，基于中国香港 1971—2005 年的数据，研究发现房价指数每上涨 1%，会导致总和生育率显著下降 0.45%。

在本书的第 4 章和第 5 章，我们已经研究了政府经济激励对家庭生育决策的影响。在本章，我们将重点关注来自市场的经济激励如何影响家庭的生育决策，主要考察中国地级市的房价波动如何影响家庭的生育决策。我们的研究是基于一个生育率的经济模型，认为房价波动会对生育率有潜在的补偿效应。假定小孩是正常商品，而住房是与小孩相关的一项主要支出。在其他条件不变的情况下，房价的上涨会对当期小孩的需求有一个负向的替代效应，这种效应对于潜在的初次购房者和当前住房拥有者来说都是存在的。另外，对于住房拥有者而言，所在地区房价的上涨会增加他们的房屋净值，这会通过两个渠道导致住房拥有者生育率的提高，即传统的财富效应和抵押信贷效应。无论是财富效应，还是抵押信贷效应，当住房价格上涨时，住房所有者可能会使用新增房屋的净值，来负担他们养育小孩的成本。住房价格上涨对整体生育率的净效应取决于个体的边际反应和住房拥有率。

我们手工整理了全国 2002—2009 年的城镇住户调查数据和 2001—2008 年的区域经济统计年鉴数据，样本覆盖了全国 16 个省份、699 个地级市和县区、195756 个家庭的数据，有非常详细的宏观控制变量和家庭生育、收入、教育等方面的信息。我们基于最小二乘法建立回归模型，系统考察了房价上涨对调查家户生育决策的影响。研究发现，房价上涨会促进家庭生育人口数量的增加，这一效应对于 30~44 岁的育龄女性而言尤为显著，考虑到调查家户的住房类型，我们发现房价上涨对租房者没有影响，但会显著提高拥有住房者的生育率。我们进一步考察了房价上涨对出生性别比的影响，发现房价上涨可以降低家庭新生小孩的性别比，缓解出生性别比失衡，并基于户籍和民族情况进行了一系列的异质性检验。而为了更好地解决可能存在的内生性问题，我们也进行了工具变量回归，选取地级市超过 15 度栅格比例与实际利率的乘积这一指标作为房价的工具变量，Ⅳ的回归结果与 OLS 的回归结果保持一致，表明房价上涨可以促进家庭生育率的提高，并且对租房者没有显著效应，对拥有商品房的家庭有显著的正向效应，同时可以缓解出生性别比失衡。

本章其他部分的内容安排如下：第二部分是文献回顾和理论假说，第三部分是研究设计和数据，第四部分是实证回归结果，第五部分是工具变量回归结果，第六部分是本章的结论。

6.2 文献回顾和理论假说

在新古典经济学的文献中，有很多研究关注发达国家生育率的特征和决定因素。在最简单的静态模型中，父母被假定为消费者，面临着预算约束和生育小孩的成本，父母要选择合适的生育小孩数量，从而最大化他们在生命周期中的效用。在传统意义上，小孩被视为正常商品，但很多实证研究面临的一个难题是，无论是使用时间序列数据，还是横截面数据，小孩数量和收入之间都表现出负向相关。基于小孩是正常商品的基本假定，对于小孩数量和收入之间的这种负向相关关系，有两个主流的解释：①数量—质量替代关系（Becker，1960）；②时间成本假定（Mincer，1963；Becker，1965）。Q-Q 理论指出父母对小孩的数量和质量都有一定的偏好，如果对小孩质量的需求收入弹性超过对小孩数量的需求收入弹性，那么当收入增加时，父母会更倾向于提高小孩的质量，减少生育小孩的数量，生育小孩的数量和质量之间存在着一种替代关系。时间成本假定认为收入和生育率之间呈现出的负向相关关系，可能是由于高收入家庭中父母亲时间的高成本，这种高成本一方面是由于劳动力市场上工资的上涨，另一方面是由于更高的家庭收入，提高了父母亲在非市场性活动中的时间价值。

有一系列相关的文献考察生育率的周期性问题，即家庭决策生育小孩的时间（Galbraith and Thomas，1941；Becker，1960；Silver，1965；Ben-porath，1973）。在传统意义上，失业率的变化被认为会影响女性及其丈夫的工资水平。在标准假定中，女性一般需要承担家庭中小孩照料的主要责任，当经济发展状况不佳、机会成本较低时，女性选择生育小孩是最优的。还有文献从技能折旧角度来探讨失业率和最佳生育时间的问题（Happel et al.，1984）。

在资本市场发展不健全、面临信贷约束的情况下，考虑到机会成本和技能折旧，女性可能无法最优化地选择她们的生育时间。尤其是在经济衰退时期，尽管有一些女性可能有机会最优化地选择生育时间，但她们无法负担起相应的经济压力。Schaller（2011）重点关注基于性别的劳动力市场条件，她的研究验证了前人的实证研究，发现社会总体失业率的提高，会伴随着生育率的下降。为了进一步地验证 Becker 的机会成本模型，她进一步地发现，男性在劳动力市场状况的改善，可以提高家庭的生育率，而女性在劳动力市场上状况的改善会有相反的效应。

从概念上来说，住房市场的变化对小孩生育的影响是一个更加直观的问题，因为房价的上涨并不会改变父母的时间成本，因此本章的研究框架不会受到技能折旧或者时间机会成本的影响。本章在构建实证模型进行回归分析时，仅考虑住房成本和住房的收入效应，住房成本会影响生育小孩的成本，而住房的收入效应会影响当期的消费能力。在文中，我们分别考察价格效应和收入效应。住房市场上房价的波动会产生价格效应，因为住房成本通常被认为在抚育小孩的成本中占据着最大比重，要超过食物、小孩照料或者教育方面的支出。住房收入效应的存在，是因为住房价格的上升并不一定意味着住房所有者财富的增加。如果房价上涨是永久的，住房所有者将他们的住房视为财富储备，那么房价的上涨可以看作市场中住房所有者财富的增加，这会增加家庭当期及整个生命周期中对小孩的需求。但如果住房所有者并不计划通过住房套现，迁移到一个房价相对更低的地区，或者他们认为房价的上涨是暂时性的，以后会有下跌的可能，他们认为自己的实际财富或长期收入并没有改变，则他们不会增加家庭当期及整个生命周期中对小孩的需求。而如果住房所有者受信贷约束，但可以增加房屋净值，他们当期的可获得收入会提高，这可能会导致当期生育率的提高，我们将这种影响称为房屋净值效应。

在文献中，有很多研究指出，家庭倾向于通过住房财富，负担当期的消费支出，这些文献指出了住房价值对消费的两个直接效应：传统的财富效应和住房抵押效应。Mian 和 Sufi（2009）考察了住房抵押效应，研究发现在 1997—2009 年，房屋净值每上升 1 美元，住房拥有者平均可以从中提取出 25~30 美分的收益。他们进一步发现提取的房屋净值增加收益并没有用来购买新房产或者支付高额的信贷额度，而是用于消费或者家庭改善支出。此外，基于房屋净值的借贷行为在年轻家庭中最为普遍。这些发现可能是由于，近年来伴随着房地产市场的繁荣，个体和夫妻会通过房产净值的增加来负担家庭中与小孩相关的各项支出。

与失业率的周期性不同，住房市场上房价的波动，在很大程度上可以认为是长期的，通过很多国家的经验数据可以发现，近年来房价一直保持着稳步增长的态势。本章的研究结果对整体生育率的改变和性别比失衡的缓解可能具有一定的启示意义，而不仅仅关注时间性或者周期性。

值得说明的是，在本章的研究内容中，我们可能将生育问题看成了一般性的家庭决策。但事实上，生育率是一个随机结果，尽管在现代社会，其很大程度上会受到个人性生活、避孕药使用、计生政策、选择性流产等因素的影响。因此，在本章研究家庭生育率和出生性别比对房价波动的反应时，实际上是对夫妻预期生育决策的一个趋缓反映。

6.3　研究设计和数据

6.3.1　实证策略

在图 6.1 中，我们给出了房价和生育率之间的相关图，考虑到生育小孩需要一定的周期，我们这里使用的是地级市上一年住房价格的平均值，在 2001—2008 年一直保持着平稳上升的趋势。在生育率指标中，我们从 2002—2009 年的城镇住户调查数据中，手工整理出调查家庭当年出生的小孩总数，并结合每一年调查家庭样本中处于育龄阶段的女性总数，测算出历年每 1 万名适龄女性生育小孩的数量。在图 6.1 中，可以清晰地发现房价和生育率之间总体都保持着平稳上涨的趋势，可以认为两者之间存在着一定的相关关系。

在本章的研究内容中，我们试图从实证角度来考察房价和生育率、出生性别比之间的关系，基于 2002—2009 年城镇住户调查数据和 2001—2008 年区域经济统计年鉴的数据，匹配成家庭层面的混合截面数据，我们建立的回归模型如下：

$$Birth_{cth} = \beta_0 + \beta_1 Houseprice_{ct-1} + \beta_2 X_{ct-1} + \beta_3 Y_{ht} + \gamma_p + \gamma_t + \varepsilon_{cth} \qquad (6.1)$$

在回归模型中，p 代表省份，c 代表地级市，t 代表时间，h 指家庭，在所有的回归中我们加入了省份效应和年份效应。考虑到从生育决策到小孩出生之间有一定的时间周期，我们这里采用的是上一年地级市的房价数据，并用居民消费价格指数（CPI）进行了消除通货膨胀处理。上一年房价的回归系数 β_1 是我们主要关注的结果，它表示房价波动对家庭生育决策的影响。X代表地级市层面的宏观控制变量，包括人均国内生产总值、失业率、农村人口比重和人均土地面积，Y代表家庭层面的控制变量，包括父母亲的收入和受教育程度。在回归模型中，我们同时控制了地区固定效应和时间固定效应，我们关注的房价对生育率和出生性别比的影响会更加干净。

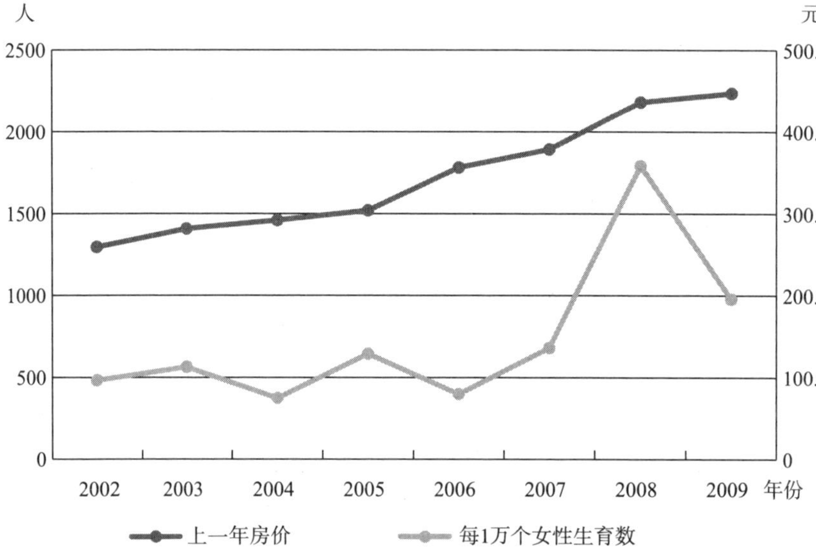

图6.1 历年房价和生育率相关关系

数据来源：《区域经济统计年鉴（2001—2008）》《城镇住户调查数据（2002—2009）》。

在后面的实证研究中，为了更好地解决回归模型（6.1）中可能存在的内生性问题，我们使用工具变量（Ⅳ）的方法。工具变量需要满足的基本条件为：工具变量V与扰动项不相关，但与控制变量之间存在相关性，即满足 $Cov(V_i, \varepsilon_i)=0$ 并且 $Cov(V_i, x_i)\neq 0$。本章研究的是房价波动对家庭生育率和出生性别比的影响，关于房价指标，我们选取的工具变量为土地供给，这一指标通过地级市超过15度栅格比例与实际利率的乘积来表示（Chen and Kung，2016），在文中我们定义为 *Land*，具体定义为 $Land_{mt}=Slope_m \times realrate_t$。我们采取两阶段最小二乘法（2SLS）进行估计，将第一阶段的回归模型设定为：

$$Houseprice_{mt}=\alpha_0+\alpha_1 Land_{mt}+\alpha_2 X_{mt}+\delta_p+\delta_t+\varphi_{mt} \quad (6.2)$$

其中，*Land* 代表调查家庭所在地级市超过 15 度栅格比例与实际利率的乘积数据，*Houseprice* 代表地级市的房价数据，同样地，我们控制了地级市宏观层面的一些变量，包括人均 GDP、失业率、农村人口比重和人均土地面积。

6.3.2 数据处理

在本章的研究内容中，我们采用的是来自国家统计局的城镇住户调查数据（Urban Household Survey，UHS），这套数据涵盖了翔实的家庭层面和个人层面的变量，家庭层面主要包括家庭总收入、家庭人口数、住房情况、现金收支、家庭储蓄和消费等，个体层面主要包括与户主关系、性别、年龄、文化程度、就业情况、工资、总收入等，非常全面地覆盖了家户经济收入、社会保障、养老、医疗等方面的信息，可以满足我们研究的需要。我们采用的是 UHS 调查中 16 个省份的家户数据，分别为北京市、山西省、辽宁省、黑龙江省、上海市、江苏省、安徽省、江西省、山东省、河南省、湖北省、广东省、重庆市、四川省、云南省、甘肃省，分布于中国的华北、东北、华东、华中、华南、西南、西北地区，在地理位置和经济发展水平上都具有较好的代表性。城镇住户调查开展过程中，每年在全国范围内使用分层抽样的方法进行随机抽样，为了更好地保证调查数据的代表性，并没有对城镇家户进行完整的跟踪调查，而是采取每年轮换 1/3 调查城镇中经常性调查户的方法，换言之，每年都有 1/3 的样本家户会退出调查，再从大样本调查样本中抽选出新的调查户进行替代，因此 UHS 数据的一个显著优势是具有很强的全国代表性，缺点在于缺乏完整长期的家户跟踪调查数据。本章采用的是城镇住户调查 2002—2009 年的调查数据，样本覆盖了全国 16 个省份、699 个地级市和县区、195756 个家庭的数据，有非常详细的家庭住房资料和家庭成员的收入、民族特征、户籍状况、文化程度等信息。

为了获取一些宏观经济变量的数据，我们进一步手工整理了 2001—

2008年地级市的区域经济统计年鉴数据，通过商品房屋销售额和商品房屋销售面积，测算出每一年地级市商品房的平均价格，并通过历年的居民消费价格指数（CPI）进行消除通货膨胀处理，获得全国所有地级市2001—2008年的房价数据。同时，为了尽可能地控制其他因素的影响，我们进一步从区域经济统计年鉴中，整理了总人口、乡村劳动力、城镇登记失业人数、土地面积、国内生产总值数据，并测算出人均国内生产总值、失业率、农村人口比重、人均土地面积等指标，最后通过手工整理，将这些地级市的宏观指标与UHS的家户数据相匹配。

6.4 实证回归结果：房价上涨对生育率和出生性别比的影响

6.4.1 房价上涨与生育率

表6.1给出了基本的回归结果，为了尽可能地控制不可观测因素的影响，我们在回归中同时控制了地区效应和年份效应。在第一列的回归中，我们未加入任何控制变量，仅考察房价波动对生育率的影响，结果表明，房价上涨可以导致出生人口的增加，并在1%的水平上显著。我们知道，地区经济发展的一些因素会影响到人们的生育决策，同时计划生育政策限制在群体间是有差异的，其中针对农村人口和少数民族都有不同程度的调整，为了在一定程度上排除这些因素的干扰，我们在第二列回归中加入了一些宏观指标作为控制变量，包括人均GDP、失业率、农村人口比重和人均土地面积，研究发现房价上涨依然导致出生人口的显著增加，其中人均GDP和农村人口比重对出生人口的效应也在5%的水平上显著为正，说明地区的经济发展水平好，可以激励当地家庭居民的生育积极性，而农村地区的家庭会更倾向于多生小孩，这一结果与我们的预期相一致。生育行为作为家庭中的一项重要决策，与父母的经济收入和教育水平密切相关，我们在第三列和第四列回归中，分别加入了父亲收入、父亲文化程度和母亲

收入、母亲文化程度，来考察父母的经济收入和教育状况对家庭生育行为的影响，结果表明前两列的研究结果依然稳健，房价上涨会导致出生人口的显著增加，父亲收入的改善和受教育程度的提高，都会对家庭生育行为产生促进作用，而母亲收入的改善则会导致出生人口数量的减少。在最后一列回归中，我们在回归模型中同时加入了宏观控制变量和家庭成员的收入、教育因素，研究发现，房价上涨可以显著增加出生人口的数量。

表 6.1　基本回归结果

变量	出生人口				
房价	1.43e-06*** (1.97e-07)	7.91e-07** (3.26e-07)	6.76e-07** (3.25e-07)	6.56e-07** (3.25e-07)	6.25e-07* (3.25e-07)
人均 GDP		6.01e-08** (2.78e-08)	2.98e-08 (2.80e-08)	6.21e-08** (2.80e-08)	4.92e-08* (2.81e-08)
失业率		5.78e-05 (4.11e-05)	6.25e-05 (4.10e-05)	6.78e-05* (4.10e-05)	6.80e-05* (4.09e-05)
农村人口比重		8.13e-05** (3.48e-05)	5.58e-05 (3.47e-05)	6.89e-05** (3.47e-05)	6.49e-05* (3.47e-05)
人均土地面积		4.25e-07 (2.13e-06)	-1.10e-07 (2.12e-06)	3.31e-08 (2.12e-06)	-1.32e-07 (2.12e-06)
父亲收入			4.51e-08*** (1.40e-08)		7.07e-08*** (1.45e-08)
父亲文化程度			0.00341*** (0.000151)		0.00133*** (0.000179)
母亲收入				-1.99e-07*** (2.00e-08)	-2.35e-07*** (2.07e-08)
母亲文化程度				0.00546*** (0.000164)	0.00461*** (0.000192)
样本数量	187089	177759	177759	177759	177759
R^2	0.004	0.004	0.008	0.010	0.011
地区效应	YES	YES	YES	YES	YES
年份效应	YES	YES	YES	YES	YES

注：*、**和***分别表示在10%、5%和1%的水平上显著。

在表6.1的回归结果中，我们的研究已经发现，房价上涨会促进出生人口的增加，这种效应对于不同年龄段育龄女性的影响是否会存在一定的差异呢？在表6.2中，我们分年龄段考察了房价上涨对家庭生育人口的效应，与相关文献的做法一致，我们将女性的生育年龄限定在20~44岁，研究发现，对于母亲年龄在20~44岁的家庭而言，房价上涨能够促进生育人口的增加，并且这种效应在1%的水平上显著为正。进一步地，我们通过分别考察20~29岁和30~44岁两个年龄段的女性，发现对于母亲年龄在20~29岁的家庭而言，房价上涨并没有带来出生人口的增加，这一方面可能是由于处于20~29岁的年轻夫妻，有比较大的比重租房居住，并没有享受到住房价格上涨所带来的财富效应和抵押信贷效应，另一方面可能是因为家庭生育行为在第一胎的时候会相对较少地受到其他因素的干扰。对于30~44岁的女性来说，房价上涨会带来家庭生育人口数量的增加，对于这类家庭来说，房价上涨会表现出较强的财富效应和抵押信贷效应，可以改变家庭的生育行为。

表6.2 分年龄段回归结果

变量	出生人口（母亲20~44岁）	出生人口（母亲20~29岁）	出生人口（母亲30~44岁）
房价	3.10e-06*** (6.21e-07)	9.44e-06 (6.36e-06)	2.68e-06*** (4.18e-07)
人均GDP	7.29e-08 (4.87e-08)	-2.08e-07 (4.95e-07)	2.07e-09 (3.27e-08)
失业率	7.03e-05 (7.22e-05)	0.000460 (0.000705)	2.72e-05 (4.87e-05)
农村人口比重	7.90e-05 (6.14e-05)	-0.00102 (0.000622)	6.63e-05 (4.13e-05)
人均土地面积	-1.84e-07 (3.28e-06)	-1.03e-05 (2.90e-05)	-2.06e-06 (2.23e-06)
父亲收入	6.11e-08** (2.50e-08)	4.28e-07* (2.34e-07)	3.33e-08** (1.69e-08)

续表

变量	出生人口（母亲 20~44 岁）	出生人口（母亲 20~29 岁）	出生人口（母亲 30~44 岁）
父亲文化程度	0.00168*** (0.000333)	0.0209*** (0.00321)	0.000621*** (0.000225)
母亲收入	-3.77e-07*** (3.52e-08)	-1.26e-06*** (3.82e-07)	-9.11e-08*** (2.36e-08)
母亲文化程度	0.00654*** (0.000372)	0.0244*** (0.00372)	0.00279*** (0.000252)
样本数量	97177	6801	90376
R^2	0.015	0.064	0.008
地区效应	YES	YES	YES
年份效应	YES	YES	YES

注：*、**和***分别表示在 10%、5%和 1%的水平上显著。

在研究房价上涨对家庭生育行为的影响时，有一个很重要的指标就是家庭的住房特征。在城镇住户调查数据中，有非常详细的关于家庭住房信息的统计，对家庭住房的房屋产权进行了比较细致的划分，主要包括租公房、租私房、原建私房、房改私房、商品房等类型，可以满足我们研究的需要。表 6.3 给出了按住房类型分类的回归结果，在第一列回归分析中，我们先考察了房价上涨对租房家庭出生人口的影响，发现房价上涨不会显著改变租房家庭出生人口的数量，这可能是由于租房家庭并没有享受到房价上涨所带来的财富效应和抵押信贷效应。在第二列中，我们关注的是拥有住房的家庭，与我们的预期相一致，房价上涨导致拥有住房家庭的出生人口显著增加，并在 5%的水平上显著为正。进一步地，我们对拥有住房家庭的住房类型进行更加细致的划分，具体包括私房和商品房，研究发现，房价上涨对拥有私房家庭的出生人口数量没有显著影响，但会显著提高拥有商品房家庭的出生人口数量。

表 6.3　住房分类回归结果

变量	出生人口（租房者）	出生人口（有住房者）	出生人口（私房）	出生人口（商品房）
房价	-1.07e-06 (8.94e-07)	9.26e-07** (3.61e-07)	3.39e-07 (3.13e-07)	2.93e-06** (1.17e-06)
人均 GDP	-4.94e-09 (9.80e-08)	5.40e-08* (2.99e-08)	-2.31e-08 (2.70e-08)	1.15e-07 (7.93e-08)
失业率	9.91e-05 (0.000134)	6.19e-05 (4.36e-05)	0.000114*** (4.25e-05)	-4.16e-05 (9.83e-05)
农村人口比重	0.000106 (0.000104)	7.27e-05* (3.76e-05)	4.36e-06 (3.23e-05)	-1.28e-06 (0.000111)
人均土地面积	-8.35e-06* (4.82e-06)	1.57e-06 (2.41e-06)	-1.91e-06 (2.37e-06)	6.55e-06 (5.56e-06)
父亲收入	2.18e-07*** (5.16e-08)	5.82e-08*** (1.54e-08)	4.62e-08*** (1.62e-08)	6.79e-10 (3.19e-08)
父亲文化程度	0.00119** (0.000513)	0.00139*** (0.000194)	0.000578*** (0.000167)	0.00276*** (0.000544)
母亲收入	-2.04e-07*** (6.96e-08)	-2.37e-07*** (2.21e-08)	-1.81e-07*** (2.21e-08)	-3.61e-07*** (4.77e-08)
母亲文化程度	0.00408*** (0.000561)	0.00470*** (0.000208)	0.00238*** (0.000180)	0.00899*** (0.000575)
样本数量	20939	153266	110581	42685
R^2	0.011	0.011	0.005	0.019
地区效应	YES	YES	YES	YES
年份效应	YES	YES	YES	YES

注：*、**和***分别表示在 10%、5%和 1%的水平上显著。

6.4.2　房价上涨与出生性别比

在前文的分析中，我们已经考察了房价上涨对家庭生育人口的效应，研究发现房价上涨会促进家庭生育人口数量的显著增加，这种效应对于 30~44 岁的育龄女性而言尤为显著。研究家庭的生育决策，生育率和出生性别比是两个最为重要的指标。在这部分的讨论中，我们将同样基于2002—2009年城镇住户调查和2001—2008年区域经济统计年鉴的数据，考察房价上涨对出生性别比的影响。表6.4给出了相应的回归结果，在第一列回归中，我们未加入任何控制变量，研究发现房价上涨会导致出生性别比下降，可以改善出生性别比失衡，并在1%的水平上显著为负，主要是由于房价上涨会提高家庭生育男孩的经济成本，这一结论与已有的理论和我们的预期相一致。在第二列和第三列回归中，我们分别控制了父亲收入、父亲文化程度和母亲收入、母亲文化程度，研究发现房价上涨仍然可以显著降低家庭的出生性别比。在第四列的回归中，我们同时控制了父亲和母亲的收入和受教育情况，研究结论保持稳健，房价的上涨会带来出生性别比的显著下降。

表6.4 出生性别比

变量	出生性别比			
房价	-1.28e-05*** (4.40e-06)	-1.35e-05*** (4.96e-06)	-9.72e-06** (4.74e-06)	-1.14e-05** (5.06e-06)
父亲收入		2.41e-07 (6.11e-07)		5.94e-07 (6.35e-07)
父亲文化程度		-0.00189 (0.00907)		0.00105 (0.0116)
母亲收入			-1.54e-06* (8.53e-07)	-1.78e-06** (8.88e-07)
母亲文化程度			0.00444 (0.00963)	0.00313 (0.0119)
样本数量	1653	1653	1653	1653
R^2	0.005	0.005	0.007	0.008
地区效应	YES	YES	YES	YES
年份效应	YES	YES	YES	YES

注：*、**和***分别表示在10%、5%和1%的水平上显著。

既有的研究显示，计划生育政策限制在群体间是有差异的，其中针对农村人口和少数民族都有不同程度的调整，因此一个地区的这两类人口越多，计划生育的约束就越少，这些地区处于生育年龄的夫妇，就可以通过数量来达到理想中的后代性别，特别是如果完全没有数量限制，父母的性别偏好是不会改变总体上的出生性别比的（Edlund et al.，2010）。在表 6.4 的分析中，我们已经发现，房价上涨可以促进家庭出生性别比的显著降低，我们考虑人口结构特征，进一步考察房价上涨对不同类型人口出生性别比的影响。在城镇住户调查数据中，有很详细的家庭成员户籍信息，具体包括本地非农、本地农业、外地非农、外地农业四种类型，表 6.5 给出了按户籍情况分类回归的实证结果，我们这里的分类主要是基于家庭中户主的户籍情况。在第一列回归中，我们关注本地户籍的家庭，结果表明房价上涨会导致本地户籍家庭出生性别比的下降。进一步地，我们在第二列和第三列回归中区分了本地非农和本地农业家庭，发现房价上涨对本地农业家庭出生性别比的影响并不显著，会降低本地非农家庭的出生性别比，并在 1%的水平上显著为负。在后面三列回归中，我们关注外地户籍的家庭，结果表明房价上涨会导致外地户籍家庭出生性别比的上升，且在 10%的水平上显著，房价上涨对外地农业家庭的出生性别比有提高效应，但对外地非农家庭出生性别比的影响并不显著。总体来看，房价上涨对家庭出生性别比的降低效应，在本地人口和本地非农人口中表现得更加明显。

表 6.5　户籍分类回归结果

变量	出生性别比（本地）	出生性别比（本地非农）	出生性别比（本地农业）	出生性别比（外地）	出生性别比（外地非农）	出生性别比（外地农业）
房价	-1.63e-05***	-1.58e-05***	-6.95e-05	2.54e-05*	1.54e-05	5.53e-05*
	(5.74e-06)	(5.77e-06)	(6.06e-05)	(1.40e-05)	(1.80e-05)	(2.69e-05)
父亲收入	5.13e-07	4.95e-07	1.42e-06	4.24e-06*	2.92e-06	6.10e-06
	(6.57e-07)	(6.62e-07)	(6.09e-06)	(2.49e-06)	(3.34e-06)	(4.06e-06)
父亲文化程度	0.00139	-0.00108	0.0810	-0.0783	-0.0925	-0.0773
	(0.0119)	(0.0121)	(0.0739)	(0.0521)	(0.0639)	(0.111)

续表

变量	出生性别比（本地）	出生性别比（本地非农）	出生性别比（本地农业）	出生性别比（外地）	出生性别比（外地非农）	出生性别比（外地农业）
母亲收入	-1.58e-06* (9.39e-07)	-1.51e-06 (9.42e-07)	-1.34e-05 (1.20e-05)	-3.81e-06 (2.80e-06)	-1.88e-06 (3.19e-06)	-1.08e-05 (6.50e-06)
母亲文化程度	-0.00181 (0.0122)	-0.000346 (0.0124)	-0.0248 (0.0785)	0.108* (0.0585)	0.130* (0.0716)	0.0893 (0.109)
样本数量	1554	1517	37	99	67	32
R^2	0.011	0.010	0.148	0.119	0.092	0.321
地区效应	YES	YES	YES	YES	YES	YES
年份效应	YES	YES	YES	YES	YES	YES

注：* 和 *** 分别表示在 10% 和 1% 的水平上显著。

进一步地，我们控制人口结构中的民族特征。在城镇住户调查数据中，同样有很详细的家庭各个成员的民族信息统计，表 6.6 给出了按民族情况分类回归的结果，此处的分类也是基于家庭户主的民族特征。研究发现房价上涨对汉族家庭的出生性别比没有显著影响，但会显著降低少数民族家庭的出生性别比，并且在 1% 的水平上显著为负。

表 6.6 民族分类回归结果

变量	出生性别比	出生性别比（汉族）	出生性别比（少数民族）
房价	-1.14e-05** (5.06e-06)	-7.90e-06 (5.17e-06)	-9.50e-05*** (2.57e-05)
父亲收入	5.94e-07 (6.35e-07)	9.58e-08 (6.69e-07)	3.73e-06** (1.85e-06)
父亲文化程度	0.00105 (0.0116)	-0.00349 (0.0118)	0.0983* (0.0519)
母亲收入	-1.78e-06** (8.88e-07)	-1.84e-06** (9.02e-07)	4.32e-06 (4.94e-06)

续表

变量	出生性别比	出生性别比（汉族）	出生性别比（少数民族）
母亲文化程度	0.00313 (0.0119)	0.00740 (0.0122)	-0.0539 (0.0515)
样本数量	1653	1596	57
R^2	0.008	0.007	0.305
地区效应	YES	YES	YES
年份效应	YES	YES	YES

注：*、**和***分别表示在10%、5%和1%的水平上显著。

在讨论房价上涨对家庭出生性别比的影响时，同样有一个很重要的指标就是家庭的住房特征，在城镇住户调查数据中，有非常详细的关于家庭住房信息的统计，可以满足我们研究的需要。表6.7给出了按住房类型分类的回归结果，在第一列中，我们先考察了房价上涨对租房家庭小孩出生性别比的影响，研究发现回归结果并不显著。而对于拥有住房的家庭，房价上涨会带来出生性别比的显著降低。进一步的研究发现，房价上涨对家庭出生性别比的降低效应对于拥有私房的家庭并不显著，但会影响拥有商品房家庭的小孩出生性别比。

表6.7　住房分类回归结果

变量	出生性别比（租房者）	出生性别比（有住房者）	出生性别比（私房）	出生性别比（商品房）
房价	-7.94e-07 (1.30e-05)	-1.28e-05** (5.58e-06)	-1.36e-05 (1.04e-05)	-1.30e-05* (6.68e-06)
父亲收入	-1.08e-06 (2.10e-06)	7.83e-07 (6.67e-07)	1.66e-06 (1.45e-06)	4.62e-07 (7.61e-07)
父亲文化程度	0.0429 (0.0329)	-0.00525 (0.0124)	0.00656 (0.0197)	-0.0120 (0.0162)
母亲收入	-4.01e-06 (2.87e-06)	-1.57e-06* (9.39e-07)	-7.72e-07 (1.73e-06)	-2.00e-06* (1.13e-06)

续表

变量	出生性别比（租房者）	出生性别比（有住房者）	出生性别比（私房）	出生性别比（商品房）
母亲文化程度	0.0124 （0.0347）	0.00201 （0.0127）	-0.0192 （0.0202）	0.0166 （0.0167）
样本数量	184	1469	544	901
R^2	0.027	0.008	0.008	0.012
地区效应	YES	YES	YES	YES
年份效应	YES	YES	YES	YES

注：* 和 ** 分别表示在 10%和 5%的水平上显著。

6.5　工具变量回归：土地供给

在第四部分的回归分析中，我们细致地考察了房价上涨对家庭生育决策的影响，研究发现，房价上涨会带来家庭生育人口数量的显著增加，这一效应对于 30~44 岁的育龄女性而言尤为显著，考虑到调查家户的住房类型，我们发现房价上涨对租房者没有影响，但会显著提高拥有住房者的生育率。我们进一步考察了房价上涨对家庭出生性别比的影响，发现房价上涨可以降低家庭的出生性别比，缓解出生性别比失衡，并基于户籍特征、民族情况、住房类型进行了一系列的异质性检验。但在我们的分析中，直接考察房价波动对生育决策的影响，会面临内生性的问题。

房价指标的内生性问题主要表现在两个方面：一方面是存在反向因果，Wei 和 Zhang（2011）指出男女出生性别比的失衡会加大家庭养育男孩的成本，由于男性的数量大大超过女性，男性在婚姻市场上的竞争日益激烈，那些生育男孩的父母为了增加儿子在未来婚姻市场中的竞争力，会倾向于增加储蓄、积累财富、延期消费，在城市里则出现所谓的“丈母娘经济现象”，即要求男方购置一套房产，这种效应还通过住房市场传导到其他家庭，进一步增加生育男孩的成本。另一方面是存在遗漏变量的风险，在回归模型（6.1）中，我们已经纳入了一些宏观和家庭层面的控制变量，但可能仍然存在一些经济社会发展因素，会同时影响到住房价格和家庭的生育决策。为了有效缓解内生性问题，我们进一步采取工具变量（Ⅳ）的方法进行实证检验。Chen 和 Kung（2016）构建了一个土地供给的工具变量，首先度量每个县不适合城市发展土地的比重，标准是土地的坡度在 15 度及以下时建造住房是安全的，度量坡度的时候采用的是美国地理服务系统中的数字高度模型，在整个地表上绘制单元格栅格，结合中国的地图投影，根据每个栅格和相邻栅格的信息，给每个栅格生成一个斜率数据，再和中国的县级市地图中每个县的地理边界进行匹配。在这一部分，我们选取地级市土地坡度超过 15 度栅格的比例与历年实际利率的乘积表示土地供给，并作为房价指标的工具变量，进行两阶段最小二乘回归。表 6.8 给出了工具变量的回归结果，在前两列的回归中，我们未加入任何控制变量，第一列给出了第一阶段的回归结果，地区房价和土地供给存在负向相关关系，并在 1%的水平上显著为负。第二列是Ⅳ的估计结果，研究发现房价上涨会带来家庭出生人口的增加，与 OLS 的估计结果保持一致。在第三列和第四列中，我们加入了宏观层面的控制变量和家庭成员的收入、教育指标，回归结果依然保持稳健。

表 6.8　工具变量回归结果：生育率

变量	房价（First-stage）	出生人口（Ⅳ）	房价（First-stage）	出生人口（Ⅳ）
房价		3.17e-06** (1.60e-06)		7.88e-06* (4.69e-06)
土地供给	-1319.527*** (24.56115)		-463.446*** (15.804)	
人均 GDP			0.051*** (0.000165)	4.86e-07** (2.42e-07)
失业率			24.527*** (0.29258)	0.000276** (0.000121)
农村人口比重			0.924*** (0.254)	6.71e-05* (3.48e-05)

续表

变量	房价 (First-stage)	出生人口 (Ⅳ)	房价 (First-stage)	出生人口 (Ⅳ)
人均土地面积			-0.518*** (0.01544)	-4.87e-06 (3.36e-06)
父亲收入			0.0007*** (0.0001)	7.66e-08*** (1.49e-08)
父亲文化程度			-0.492 (1.30136)	0.00132*** (0.000179)
母亲收入			0.0005*** (0.00015)	-2.32e-07*** (2.09e-08)
母亲文化程度		5.187*** (1.400)	0.00465*** (0.000194)	
样本数量	187089	187089	177759	177759
R^2	0.7109	0.001	0.8761	0.007
地区效应	YES	YES	YES	YES
年份效应	YES	YES	YES	YES

注：*、**和***分别表示在10%、5%和1%的水平上显著。

同样地，我们进一步对不同住房类型的家庭进行Ⅳ的异质性检验。表6.9给出了工具变量异质性的回归结果，我们主要区分了租房家庭和有商品房的家庭，前两列给出了租房家庭的回归结果，房价的上涨对租房家庭出生人口的数量没有显著影响。后两列中我们关注的是拥有住房家庭中属于商品房的样本，研究发现，对于拥有商品房的家庭来说，房价的上涨会导致出生人口数量的显著增加，并在5%的水平上显著为正，这一发现与OLS的估计结果保持一致，可以在一定程度上缓解内生性的问题。

表 6.9　住房分类Ⅳ结果

变量	房价租房者（First-stage）	出生人口租房者（Ⅳ）	房价商品房（First-stage）	出生人口商品房（Ⅳ）
房价		8.84e-06 (1.09e-05)		3.40e-05** (1.55e-05)
土地供给	-575.169*** (48.185)		-470.229*** (29.822)	
人均 GDP	0.0744*** (0.0006)	5.80e-07 (8.22e-07)	0.044*** (0.00025)	1.75e-06** (6.89e-07)
失业率	39.892*** (0.9966)	0.000407 (0.000450)	6.612*** (0.406)	0.000203 (0.000142)
农村人口比重	14.955*** (0.802)	0.000215 (0.000185)	-7.189*** (0.460)	-0.000281* (0.000162)
人均土地面积	-0.387*** (0.0377)	-1.20e-05* (7.05e-06)	-0.359*** (0.023)	-6.72e-06 (7.90e-06)
父亲收入	0.0008** (0.0004)	2.25e-07*** (5.25e-08)	0.001*** (0.0001)	3.71e-08 (3.56e-08)
父亲文化程度	5.241 (3.955)	0.00123** (0.000516)	0.275 (2.254)	0.00277*** (0.000550)
母亲收入	-0.0003 (0.0005)	-2.07e-07*** (6.97e-08)	0.0002 (0.0002)	-3.52e-07*** (4.84e-08)
母亲文化程度	9.780** (4.326)	0.00416*** (0.000572)	6.683*** (2.380)	0.00923*** (0.00059)
样本数量	20939	20939	42685	42685
R^2	0.9072	0.007	0.9244	—
地区效应	YES	YES	YES	YES
年份效应	YES	YES	YES	YES

注：*、**和***分别表示在10%、5%和1%的水平上显著。

进一步地，我们采用土地供给作为房价的工具变量，考察房价波动对家庭小孩出生性别比的影响，表6.10给出了工具变量的回归结果。在前两列的回归分析中，我们未加入任何控制变量，研究结果表明房价上涨会导致出生性别比的下降，可以缓解出生性别比失衡。在第三列和第四列的回归分析中，我们纳入了家庭中父母亲的收入情况和受教育情况，结果显示房价上涨依然会导致家庭新生小孩出生性别比的显著下降，与 OLS 的估计结果相一致。

表 6.10　工具变量回归结果：出生性别比

变量	房价 (First-stage)	出生性别比 (Ⅳ)	房价 (First-stage)	出生性别比 (Ⅳ)
房价		-4.28e-05*** (1.57e-05)		-6.44e-05** (2.80e-05)
土地供给	-1705.707*** (150.4451)		-995.067*** (130.977)	
父亲收入			0.039*** (0.005)	2.87e-06** (1.34e-06)
父亲文化程度			42.827 (54.089)	0.0036 (0.012)
母亲收入			0.031*** (0.006)	1.90e-08 (1.32e-06)
母亲文化程度			-13.358*** (56.918)	0.00225 (0.0123)
样本数量	1653	1653	1653	1653
R^2	0.0799	0.0063	0.2693	0.025
地区效应	YES	YES	YES	YES
年份效应	YES	YES	YES	YES

注：**和***分别表示在 5%和 1%的水平上显著。

6.6　小结

在过去的十多年中，中国的住房价格持续攀升，而房价与经济社会发展的方方面面息息相关，政府积极深化住房体制改革，各地纷纷制定了一系列的限购政策，但房价却有越控越高的趋势。从传统意义上讲，中国的父母普遍将住房视为家庭的一项重要物品，消费、储蓄、生育等行为都与住房价格的波动息息相关。

在文献中，有一些学者已经通过相关研究，考察了房价上涨对家庭生育率的影响。本章的研究内容尝试基于中国家庭层面的生育数据，来深入考察房价上涨对生育率和出生性别比的影响。我们使用2002—2009年的城镇住户调查数据和2001—2008年的区域经济统计年鉴数据，匹配出一套涵盖丰富的宏观经济指标和微观家庭信息的混合截面数据，并建立回归模型，系统考察了房价上涨对调查家户生育决策的影响。研究发现，房价上涨会促进家庭人口数量的增加，这一效应对于30~44岁的育龄女性而言尤为显著，考虑到调查家户的住房类型，我们发现房价上涨对租房者没有影响，但会显著提高拥有住房者的生育率。我们进一步考察了房价上涨对家庭小孩出生性别比的影响，发现房价上涨可以降低家庭的出生性别比，缓解出生性别比失衡，并基于户籍特征、民族情况、住房类型进行了一系列的异质性检验。而为了更好地解决可能存在的内生性问题，我们也进行了工具变量回归，选取地区超过15度栅格比例与历年实际利率的乘积表示土地供给，并用土地供给这一指标作为房价的工具变量，Ⅳ的回归结果与OLS的回归结果保持一致，表明房价上涨可以促进家庭生育率的提高，并且对租房者没有显著效应，对拥有商品房的家庭有正向的显著效应，同时可以降低家庭的出生性别比，缓解出生性别比失衡。

本章的研究发现伴随着房价的上涨，拥有住房的家庭可以通过住房财富的增加来负担部分家庭生育小孩的支出，资本市场会影响到家庭的生育决策，在一定程度上对已有文献提供了一些补充，对于理解房价上涨所带来的经济社会效应、考察家庭生育决策的影响因素等，有一定的研究意义和政策启示。

7 结论与政策建议

7.1 总结论

近几十年来，出生性别比失衡问题已经成为学术界广泛关注的研究问题。在自然生育情况下，出生性别比的正常水平一般在106左右。在20世纪60年代和70年代，中国的出生性别比是平衡的，甚至略微地低于正常值，主要原因可能是营养不良。到1980年，中国的出生性别比接近于正常水平106。但自20世纪80年代中期以来，出生性别比持续稳步攀升，到2005年时出生性别比已超过120，2007年估计的出生性别比大概达到124，已经严重偏离了正常的出生性别比水平。

生育决策作为家庭的一项重要行为，出生性别比的特征对整体人口结构的形成非常关键。出生性别比失衡会带来一系列严重的社会问题和经济问题。出生性别比失衡会直接导致婚姻市场上未婚男性过多，在2005年，对于25岁及以下的群体而言，男性数量比女性数量要高出3000万。婚姻市场上的性别比严重失衡，会提高女性在婚姻市场上的议价能力，改善女性在家庭内部的地位，可能会降低女性在劳动力市场上的参与度。适龄未婚男性过多，更大程度上会挤压收入水平和受教育程度较低的男性，导致一些新的婚姻模式的出现，如同族结婚、表亲结婚等，还会导致边远地区拐卖妇女现象频发，未婚男性过多也会成为社会上的不稳定因素，犯罪行为激增，威胁社会稳定与和谐发展。对于生育男孩的家庭，父母为增加其小孩未来在婚姻市场上的竞争力，会倾向于增加储蓄、延期消费，因此出生性别比失衡还会通过住房市场的传导，对宏观经济造成一定的影响。

有一系列原因会直接导致出生性别比失衡。东亚传统文化中更加偏好男孩，女孩在营养、健康、卫生等方面的生存条件相对恶劣。自计划生育政策开展以来，中国家庭的父母面临严格的生育数量控制，会更加倾向于生育男孩。B 超等胎儿性别鉴定技术的普及，也为低成本的性别选择提供了便利。溺婴、弃婴等现象的存在，计生资料统计过程中的人为瞒报和客观漏报漏登问题等，都会造成出生性别比的失衡。

进一步地分析发现，对男孩的偏好和出生性别比失衡背后有其经济动机。对生育女孩的家庭提供一定的经济奖励，会提高家庭生育男孩的相对成本，增加生育女孩的相对收益，促使更多的家庭愿意生育女孩，改善出生性别比失衡现状。来自政府的经济激励主要包括一些财政奖励计划、税收优惠改革、工资福利改革、产假福利改革、儿童照料补贴等，而来自市场的经济激励主要是房价变动所带来的住房财富的变动。经济激励会对家庭的生育决策产生一定的影响。

中国自 20 世纪 80 年代中期以来，出生性别比已逐渐偏离正常值，随后一直保持着稳定攀升的态势，累计的总人口性别比失衡是非常巨大的，并伴随着显著的地区差异。出生人口结构失衡会影响整体的人口结构以及婚姻市场上的性别比，可能给国家带来严峻的养老问题和社会保障压力，政府部门制定了一系列的经济和行政手段来治理出生性别比失衡。基于对我国出生性别比失衡现状的分析，本书详细梳理总结了相关文献，主要关注出生性别比失衡的影响、出生性别比失衡的直接原因、出生性别比失衡的经济根源、经济激励与家庭生育决策四个方面的研究。进一步地，本书从政府经济激励和市场经济激励两个角度出发，考察经济激励对家庭生育决策的影响。在政府经济激励层面，我们主要关注国家人口计生委的“关爱女孩行动”试点项目，分析来自政府的奖励和扶持政策是否可以降低出生性别比、有效缓解出生性别比失衡。我们还进一步地探讨了政府经济激励的微观机制，考察“关爱女孩行动”是否可以促进家庭总收入、社会保障支出和医疗支出的增加。在市场经济激励层面，我们主要关注 2001—2008 年住房市场价格的上涨，从住房财富效应、抵押信贷效应和替代效应三个角度出发，考察住房价格上涨对家庭生育小孩数量和出生性别比的影响。具体而言，本书的主要研究结论如下：

（1）当有来自政府的经济奖励和扶持政策时，发现“关爱女孩行动”这一项目的实施可以使出生性别比下降 12 个百分点，政策效应非常显著。本书采用两种方法排除了共同趋势假说的干扰，并进一步排除了县区异质性、瞒报、移民、试点县区选取标准等的影响。通过对地理相邻县区的研究，探讨政府经济激励的作用机制，研究发现“关爱女孩行动”主要是通过经济激励发挥作用，而打击“两非”的行政干预的效应并不明显，证实了真实经济激励改变生育行为的可行性。此外，还进一步证实了“关爱女孩行动”改善了试点县区的女性地位，其中大专及以上女性占比提高了 4.606‰，本科及以上女性占比提高了 1.33‰，女性受教育年限显著增加了 0.792 年，提高了当地女性的受教育程度。

（2）本书进一步探讨政府经济激励的微观机制，更加全面深入地分析“关爱女孩行动”的政策效应，以期得出更具启示意义的政策建议。重点考察试点政策对于会泽县生育女孩家庭的收入和社保、医疗的改善效应，研究发现，“关爱女孩行动”的开展，可以使得试点县区女孩家庭的总收入提高 5891 元，家庭的社会保障支出和医疗基金支出分别增加 739.6 元和 112.3 元；与此同时，可以使试点地区生育女孩家庭的女性总收入提高 2809 元，母亲的社会保障支出和医疗基金支出分别增加 409.1 元和 48.03 元，说明对于试点县女孩家庭的政策效应是非常显著的。我们进一步排除了共同趋势假说，并考察“关爱女孩行动”对试点县男孩家庭的政策效应，发现对试点县男孩家庭的政策效应并不显著，有效排除了当期会泽县其他经济发展优惠政策的干扰。我们也根据家庭中女孩的年龄进行了异质性检验，发现对于试点县女孩年龄在 18 岁及以下的家庭来说，“关爱女孩行动”的政策效应会相对更强。同样，通过对地理相邻县区的研究，我们发现“关爱女孩行动”主要是通过经济激励发挥作用，而打击“两非”的行政干预效应并不显著。本章的研究内容证实了“关爱女孩行动”可以切实改善试点县区女孩家庭的收入和社保、医疗水平，说明来自政府的经济激励可以有效改善家庭决策，提高家庭的经济收入、社会保障和医疗健康水平。

（3）在本书的研究中，来自市场的经济激励，我们主要关注的是房价波动所带来的家庭住房财富的变化。我们的研究发现，房价上涨会促进家庭生育人口数量的增加，这一效应对于30~44岁的育龄女性而言尤为显著，考虑到调查家户的住房类型，我们发现房价上涨对租房者没有影响，但会显著提高拥有住房者的生育率。我们进一步考察了房价上涨对家庭小孩出生性别比的影响，发现房价上涨可以显著降低家庭的出生性别比，缓解出生性别比失衡，并基于户籍特征、民族情况和住房类型进行了一系列的异质性检验。而为了更好地解决可能存在的内生性问题，我们也进行了工具变量回归，选取地区超过15度栅格比例与历年实际利率的乘积表示土地供给，并采用土地供给这一指标作为房价的工具变量，IV的回归结果与OLS的回归结果保持一致，表明房价上涨可以促进家庭生育率的提高，并且对租房者没有显著效应，对拥有商品房的家庭有显著的正向效应，同时可以促进家庭孩子出生性别比的下降，改善家庭对男孩的偏好，有效缓解出生性别比失衡。

7.2 政策建议

在中国，出生性别比失衡的治理问题是政府面临的一个严峻挑战。伴随着出生性别比结构失衡，整体人口结构失衡，婚姻市场性别比失衡，社会养老和社会保障压力巨大，影响社会和谐发展的不稳定因素滋生。为了有效缓解日益严峻的出生性别比失衡问题，政府采取了一系列的经济和行政手段，但收效甚微。在本书的研究中，我们基于中国出生性别比严重失衡的现状，考察来自政府和市场的经济激励是否可以有效缓解出生性别比失衡，改变家庭的生育决策。本书的研究结论可以为整个东亚国家出生性别比失衡的治理提供很多政策启示，基于此，本书的政策建议主要包括以下几个方面：

7.2.1 加大针对女孩的经济扶持政策力度，改善女孩经济社会地位

一系列研究指出，出生性别比失衡的背后其实有很强的经济动机。本书的研究发现，国家人口计生委实施“关爱女孩行动”以来，为试点县区生育女孩的家庭提供了一系列的奖励和扶持政策，包括教育扶持、经济奖励、养老和医疗支持、政策优惠等，可以促进试点县区的出生性别比显著下降，提高女孩的受教育水平，改善女性的社会地位，促进女孩家庭经济收入的改善和社会保障支出、医疗健康支出的增加。

要缓解当前严峻的出生性别比失衡现状，政府应该不断加大针对女孩的倾斜政策，尤其要提供经济奖励和扶持，增加家庭生育女孩的相对收益，提高生育男孩的相对成本，不断提高女性的社会地位，从经济动机的角度改善出生性别比失衡现状。政府在制定针对女孩的奖励和扶持政策时，尤其要加大对女孩受教育的支持和奖励力度。教育是人力资本积累的重要途径，女孩受教育程度的改善，从长远来看，对于提高女性的社会经济地位、改变重男轻女的文化观念意义重大。

7.2.2 完善社会养老和医疗制度，带动相关产业发展

“养儿防老”的动机在很多国家和地区的出生性别比失衡中发挥了重要的推动作用，出于儿子能够更好地提供父母老年时期生活照料和保障的考虑，很多家庭更倾向于生育男孩，男女出生性别比失衡严重。在本书的研究中，我们考察了政府经济激励的微观机制，详细地梳理了“关爱女孩行动”的政策措施，其中有涉及针对女孩家庭优惠的养老和医疗政策，我们的研究发现，“关爱女孩行动”的开展，可以促进女孩家庭在社会保障和医疗健康方面的支出显著增加。

因此，要有效缓解出生性别比失衡现状，改变重男轻女的传统文化观

念，政府应当建立起完善的社会保障和医疗服务体系，这一方面可以减轻子女赡养老人的经济负担，避免“养儿防老”动机恶化出生性别比失衡，妥善解决老年人口的养老和健康问题；另一方面还可以有效带动相关产业的发展，促进养老和医疗行业的良性健康发展。这对于改善国民的生活水平和健康状况至关重要。

7.2.3 出台鼓励生育补贴计划，减少数量—质量替代

在新家庭经济学的生育模型中，数量—质量替代关系是非常重要的理论基础，这一理论表示假定孩子属于耐用消费品，在家庭面临预算约束的情况下，父母会在小孩数量和小孩质量之间进行权衡。20 世纪 80 年代以来，为有效控制人口规模，我国开始实行严格的计划生育政策，即一胎政策，对家庭生育小孩的数量有严格的控制，传统意义上，父母会更倾向于生育男孩，有一系列文献认为，计划生育政策是中国出生性别比失衡的重要原因。而当家庭没有生育数量的限制时，父母的生育偏好是不会影响出生性别比的。

在当前实行“全面两孩”政策的背景下，政府可以出台适当的鼓励生育补贴计划，包括产假福利改革、儿童照料补贴等，通过制定一系列生育奖励和支持政策，鼓励家庭多生育小孩。出生性别比失衡部分来自家庭利用质量替代数量，当子女数量约束放松后，那些有男孩偏好的家庭可以通过生育多胎来达到目的，这样就可以从总量上维持平衡的出生性别比。

7.2.4 稳步调控房价，改善生育决策

住房商品化改革以来，住房价格呈现出不断上涨的态势。在本书的研究中，我们考察了来自市场的经济激励对家庭生育决策的影响，研究发现房价上涨会带来住房财富的增加，房价上涨可以促进家庭生育率的提高，对于不同年龄段育龄女性和不同住房类型家庭的影响有一定的区别，同时能够显著降低孩子的出生性别比，改善家庭对男孩的偏好，缓解出生性别比失衡现状。

房价波动对生育决策的影响主要来自财富效应、抵押信贷效应和替代效应三个方面。为了更好地发挥市场经济激励对生育决策的改善效应，政府应采取宏观调控手段，稳步调控房价。在调控过程中还要考虑反向因果问题，在出生性别比严重失衡的情况下，生育男孩的家庭为了提高儿子未来在婚姻市场上的竞争力，会倾向于增加储蓄、延期消费，会推动住房市场上价格的增加，造成宏观经济的波动。

7.3 研究不足与展望

在本书的研究中，我们对一系列相关文献进行了梳理总结，详细回顾了生育行为的微观理论基础和宏观经济学中的生育行为。进一步，我们创新性地从政府和市场两个角度出发，考察经济激励是否可以缓解出生性别比失衡，改善家庭的生育决策，并得出了一些有意义的政策启示。但本书的研究还存在一些不足，这也是我们未来将继续研究的方向：

（1）在评估“关爱女孩行动”的政策效应时，我们首先基于人口普查数据和县市社会经济统计年鉴的数据，考察经济激励对出生性别比的影响。进一步，基于城镇住户调查数据，分析政府经济激励的微观机制。在未来的研究中，我们希望可以基于2010年1‰人口抽样调查数据，在较长的政策周期后，同时考察经济激励对生育决策及其他相关家庭决策的影响效应。

（2）本书在分析市场经济激励对生育决策的影响时，主要是基于2001—2008年住房价格的上涨，研究发现房价上涨可以促进家庭生育率的提高，缓解出生性别比失衡，文中对住房类型、个体特征等进行了丰富的异质性检验。但受限于数据的特征，我们没有办法分别考察房价波动的不同变化阶段将如何影响家庭的生育决策，这也是我们非常期望能够再进一步完善的研究方向。

参考文献

［1］陈斌开，杨汝岱．土地供给、住房价格与中国城镇居民储蓄［J］.经济研究，2013（1）：110-122.

［2］陈斌开，张川川．人力资本和中国城市住房价格［J］.中国社会科学，2016（5）：43-64.

［3］陈胜利，顾法明，蔡菲.2005 年 1%人口抽样调查对综合治理出生性别比工作的启示［J］.人口研究，2008，32（1）：22-33.

［4］董志强，钟粤俊．性别失衡如何影响生育偏好［J］.劳动经济研究，2016（5）：74-95.

［5］范子英，顾晓敏．性别比失衡的再平衡：来自“关爱女孩行动”的证据［J］.经济学动态，2017（4）：77-89.

［6］范子英，刘甲炎．为买方而储蓄——兼论房产税改革的收入分配效应［J］.管理世界，2015（5）：18-27.

［7］高凌．我国人口出生性别比的特征及其影响因素［J］.中国社会科学，1995（1）：99-115.

［8］顾宝昌，郑真真，马小红，等．生育意愿、生育行为和生育水平［J］.人口研究，2011，35（2）：43-59.

［9］果臻，李树茁，Feldman M W. 中国男性婚姻挤压模式研究［J］.中国人口科学，2016（3）：69-80.

［10］李树茁．性别失衡、男性婚姻挤压与婚姻策略［J］.探索与争鸣，2013（5）：22-23.

［11］李树茁，果臻．当代中国人口性别结构的演变［J］．中国人口科学，2013（2）：11-20.

［12］李树茁，闫绍华，李卫东．性别偏好视角下的中国人口转变模式分析［J］．中国人口科学，2011（1）：16-25.

［13］李雪松，黄彦彦．房价上涨、多套房决策与中国城镇居民储蓄率［J］．经济研究，2015（9）：100-113.

［14］刘永平，陆铭．放松计划生育政策将如何影响经济增长——基于家庭养老视角的理论分析［J］．经济学（季刊），2008，7（4）：1271-1300.

［15］马良，方行明，雷震，等．独生子女性别会影响父母的二胎生育意愿吗？——基于中国综合社会调查（CGSS）数据的研究［J］．人口学刊，2016，38（6）：17-26.

［16］穆光宗．近年来中国出生性别比升高偏高现象的理论解释［J］．人口与经济，1995（1）：48-51.

［17］穆光宗，余利明，杨越忠．出生人口性别比问题治理研究［J］．中国人口科学，2007（3）：81-88.

［18］尚子娟，杨雪燕，毕雅丽．性别失衡治理工具选择模型的实证研究——以国家“关爱女孩行动”43个试点县区为例［J］．西安交通大学学报（社会科学版），2012，32（1）：57-62.

［19］魏下海，董志强，蓝嘉俊．地区性别失衡对企业劳动收入份额的影响：理论与经验研究［J］．世界经济，2017，40（4）：129-146.

［20］吴晓瑜，王敏，李力行．中国的高房价是否阻碍了创业？［J］．经济研究，2014（9）：121-134.

［21］徐岚，崔红艳．利用教育统计资料对我国出生婴儿性别比的研究［J］．人口研究，2008，32（5）：79-82.

［22］杨雪燕，李树茁．出生性别比偏高治理中的公共政策失效原因分析［J］．公共管理学报，2008，5（4）：84-92.

［23］杨雪燕，尚子娟．“关爱女孩行动”治理模式识别——基于24个试点县区的分析［J］．西安交通大学学报（社会科学版），2010，30

(3)：63-69.

[24] 易君健，易行健．房价上涨与生育率的长期下降：基于香港的实证研究 [J]. 经济学（季刊），2008，7（3）：961-982.

[25] 张川川，马光荣．宗族文化、男孩偏好与女性发展 [J]. 世界经济，2017，40（3）：122-143.

[26] 赵西亮，梁文泉，李实．房价上涨能够解释中国城镇居民高储蓄率吗？——基于 CHIP 微观数据的实证分析 [J]. 经济学（季刊），2013，13（4）：81-102.

[27] Aksoy C G. Short-Term Effects of House Prices on Birth Rates [R]. EBRD Working Paper，2016（192）.

[28] Alesina A，Giuliano P，Nunn N. On the Origins of Gender Roles：Women and the Plough [J]. Quarterly Journal of Economics，2013，128（2）：469-530.

[29] Alesina A，Giuliano P，Nunn N. Traditional Agricultural Practices and the Sex Ratio Today [J]. Plos One，2018，13（1）：e0190510.

[30] Almond D，Edlund L，Milligan K. Son Preference and the Persistence of Culture：Evidence from South and East Asian Immigrants to Canada [J]. Population and Development Review，2013，39（1）：75-95.

[31] Amialchuk A. The Effect of Husband's Earnings Shocks on the Timing of Fertility [R]. Working Paper，2006.

[32] Amuedo-Dorantes C，Grossbard S. Cohort-level Sex Ratio Effects on Women's Labor Force Participation [J]. Review of Economics of the Household，2007，5（3）：249-278.

[33] Angrist J. How Do Sex Ratios Affect Marriage and Labour Markets? Evidence from America's Second Generation [J]. Quarterly Journal of Economics，2001，117（3）：997-1038.

[34] Angrist J、Evans W N. Children and Their Parents' Labor Supply：Evidence from Exogenous Variation in Family Size [J]. American Economic Re-

view, 1998, 88 (3): 450-477.

[35] Angrist J, Lavy V, Schlosser A. Multiple Experiments for the Causal Link between the Quantity and Quality of Children [J]. Journal of Labor Economics, 2010, 28 (4): 773-824.

[36] Anker R, Knowles J C. Fertility Determinants in Developing Countries: A Case Study of Kenya [J]. Liege Belgium Ordina Editions, 1982, 19 (1): 229.

[37] Anukriti S. The Fertility-Sex Ratio Trade-Off: Unintended Consequences of Financial Incentives [R]. IZA Discussion Paper, 2014 (8044) .

[38] Asberg P. Housing Decisions of Young Swedish Adults [J]. Journal of Housing Economics, 1999, 8 (2): 116-143.

[39] Ashenfelter O, Heckman J. The Estimation of Income and Substitution Effects in a Model of Family Labor Supply [J]. Econometrica, 1974, 42 (1): 73-85.

[40] Atalay K, Li A, Whelan S. Housing Wealth and Fertility: Australian Evidence [R]. Working Papers, 2017.

[41] Attanasio O P, Blow L, Hamilton R, et al. Booms and Busts: Consumption, House Prices and Expectations [J]. Economica, 2009, 76 (301): 20-50.

[42] Azmat G, González L. Targeting Fertility and Female Participation through the Income Tax [J]. Labour Economics, 2010, 17 (3): 487-502.

[43] Banister J. Shortage of Girls in China today [J]. Journal of Population Research, 2004, 21 (1): 19-45.

[44] Bar M, Leukhina O. Demographic Transition and Industrial Revolution: A Macroeconomic Investigation [J]. Review of Economic Dynamics, 2010, 13 (2): 424-451.

[45] Barro R J, Becker G S. Fertility Choice in a Model of Economic Growth [J]. Econometrica, 1989, 57 (2): 481-501.

[46] Bassford M, Fisher H. Bonus Babies? The Impact of Paid Parental Leave on Fertility Intentions [R]. LCC Working Paper, 2016.

[47] Basu A M. Is Discrimination in Food Really Necessary for Explaining Sex Differentials in Childhood Mortality? [J]. Population Studies, 1989, 43 (2): 193-210.

[48] Becker G S. An Economic Analysis of Fertility [J]. NBER Chapters, in Demographic and Economic Changes in Developed Countries, 1960, 41 (5): 209-240.

[49] Becker G S. Investment in Human Capital: A Theoretical Analysis [J]. Journal of Political Economy, 1962, 70 (5): 9-49.

[50] Becker G S. A Theory of the Allocation of Time [J]. Economic Journal, 1965, 75 (299): 493-517.

[51] Becker G S. Fertility and the Economy [J]. Journal of Population Economics, 1992, 5 (3): 185-201.

[52] Becker G S, Lewis H G. Interaction between Quantity and Quality of Children [J]. NBER Chapters, 1974, 319 (2): 1-34.

[53] Becker G S, Tomes N. Child Endowments and the Quantity and Quality of Children [J]. NBER Working Papers, 1976, 84 (4): 143-162.

[54] Beckman L J. Husbands' and Wives' Relative Influence on Fertility Decisions and Outcomes [J]. Population and Environment, 1984, 7 (3): 182-197.

[55] Ben-Porath Y. Short-term Fluctuations in Fertility and Economic Activity in Israel [J]. Demography, 1973, 10 (2): 185-204.

[56] Boldrin M, Nardi M D, Jones L E. Fertility and Social Security [J]. Journal of Demographic Economics, 2015, 81 (3): 261-299.

[57] Börsch-Supan A. Household Formation, Housing Prices, and Public Policy Impacts [J]. Journal of Public Economics, 2006, 30 (2): 145-164.

[58] Brewer M, Ratcliffe A, Smith S. Does Welfare Reform Affect Fertility? Evidence from the UK [J]. Journal of Population Economics, 2012, 25

(1): 245-266.

[59] Campbell J Y, Cocco J F. How do House Prices Affect Consumption? Evidence from Micro Data [J]. Journal of Monetary Economics, 2007, 54 (3): 591-621.

[60] Case K E, Quigley J M, Shiller R J. Comparing Wealth Effects: The Stock Market versus the Housing Market [J]. The B. E. Journal of Macroeconomics, 2005, 5 (1): 1-34.

[61] Chahnazarian A, Blumberg B S, London W T. Hepatitis B and the Sex Ratio at Birth: A Comparative Analysis of Four Populations [J]. Journal of Biosocial Science, 1988, 20 (3): 357-370.

[62] Chen T, Kung K S. Do Land Revenue Windfalls Create a Political Resource Curse? Evidence from China [J]. Journal of Development Economics, 2016 (123): 86-106.

[63] Chew S H, Yi J, Zhang J, et al. Risk Aversion and Son Preference: Experimental Evidence from Chinese Twin Parents [R]. IZA Discussion Paper No, 2017 (10519).

[64] Chiapa C, Jesus V. Migration, Sex Ratios and Violent Crime: Evidence from Mexico's Municipalities [R]. Working Paper, 2012.

[65] Chiappori P A. Nash-Bargained Households Decisions [J]. International Economic Review, 1988 (29).

[66] Chiappori P A, Fortin B, Lacroix G. Marriage Market, Divorce Legislation, and Household Labor Supply [J]. Journal of Political Economy, 2002, 110 (1): 37-72.

[67] Clark J, Ferrer A. The Effect of House Prices on Fertility: Evidence from Canada [R]. Working Papers in Economics, 2016.

[68] Coale A J. Age Composition in the Absence of Mortality and in Other Odd Circumstances [J]. Demography, 1973, 10 (4): 537-542.

[69] Coale A J, Banister J. Five Decades of Missing Females in China

[J]. Demography, 1994, 31 (3): 459.

[70] Cohen A, Dehejia R, Romanov D. Do Financial Incentives Affect Fertility? [R]. NBER Working Paper, 2009 (13700) .

[71] Cohen A, Romanov D. Financial Incentives and Fertility [J]. Social Science Electronic Publishing, 2013, 95 (1): 1-20.

[72] Crump R, Goda G S, Mumford K J. Fertility and the Personal Exemption: Comment [J]. American Economic Review, 2011, 101 (4): 1616-1628.

[73] Das Gupta M. Cultural versus Biological Factors in Explaining Asia's "missing women": Response to Oster [J]. Population and Development Review, 2006, 32 (2): 328-332.

[74] Davidoff T. Home Equity Commitment and Long-term Care Insurance Demand [J]. Journal of Public Economics, 2010, 94 (1): 44-49.

[75] Davidson A B. On the Economics of Marriage [J]. Southern Economic Journal, 1994, 60 (4): 119-133.

[76] De Tray D N. Child Quality and the Demand for Children [J]. Journal of Political Economy, 1974, 81 (2): 70-95.

[77] Dettling L J, Kearney M S. House Prices and Birth Rates: The Impact of the Real Estate Market on the Decision to Have a Baby [J]. Journal of Public Economics, 2014, 110 (1): 82-100.

[78] Eckstein Z, Wolpin K I. Endogenous Fertility in An Overlapping Generations Growth Model [M]. New Haven Ct Yale University, 1982.

[79] Ebenstein A Y. Fertility Choices and Sex Selection in Asia: Analysis and Policy [R]. Social Science Electronic Publishing, 2007.

[80] Ebenstein A Y. The "Missing Girls" of China and the Unintended Consequences of the One Child Policy [J]. Journal of Human Resources, 2010, 45 (1): 87-115.

[81] Ebenstein A Y. Estimating a Dynamic Model of Sex Selection in China [J]. Demography, 2011, 48 (2): 783-811.

[82] Ebenstein A Y. Patrilocality and Missing Women [R]. Social Science Electronic Publishing, 2014.

[83] Ebenstein A Y, Leung S. Son Preference and Access to Social Insurance: Evidence from China's Rural Pension Program [J]. Population and Development Review, 2010, 36 (1): 47-70.

[84] Ebenstein A Y, Sharygin E J. The Consequences of the "Missing Girls" of China [J]. Social Science Electronic Publishing, 2009, 23 (3): 399-425.

[85] Edlund L. Son Preference, Sex Ratios and Marriage Patterns [J]. Journal of Political Economy, 1999, 107 (6): 1275-1304.

[86] Edlund L, Li H, Yi J, et al. Marriage and Crime: Evidence from China's Rising Sex Ratios [R]. Working Paper, 2010.

[87] Edlund L, Li H, Yi J, et al. Sex Ratios and Crime: Evidence from China [J]. Review of Economics and Statistics, 2013, 95 (5): 1520-1534.

[88] Ehrlich I, Lui F T. Inter-generational Trade, Longevity, and Economic Growth [J]. Journal of Political Economy, 1991, 99 (5): 1029-1059.

[89] Fernandez R. Alfred Marshall Lecture Women, Work, and Culture [J]. Journal of the European Economic Association, 2007, 5 (2-3): 305-332.

[90] Fernandez R, Fogli A. Culture: An Empirical Investigation of Beliefs, Work, and Fertility [J]. American Economic Journal: Macroeconomics, 2009 (2): 146-177.

[91] Galbraith V L, Thomas D S. Birth Rates and the Interwar Business Cycles [J]. Publications of the American Statistical Association, 1941, 36 (216): 465-476.

[92] Galor O. The Demographic Transition and the Emergence of Sustained Economic Growth [J]. Journal of the European Economic Association, 2005, 3 (2-3): 494-504.

[93] Geyer J, Haan P, Wrohlich K. The Effects of Family Policy on Maternal Labor Supply: Combining Evidence from a Structural Model and a Quasi-

experimental Approach [J]. Labour Economics, 2015 (36): 84-98.

[94] Golley J, Tyers R. Gender "Rebalancing" in China [J]. Asian Population Studies, 2014, 10 (2): 125-143.

[95] Gronau R. The Effect of Children on the Housewife's Value of Time [J]. Journal of Political Economy, 1973, 81 (2): 168-199.

[96] Gronau R. Leisure, Home Production, and Work: the Theory of the Allocation of Time Revisited [J]. Journal of Political Economy, 1977, 85 (6): 1099-1123.

[97] Grossbard-Shechtman A. A Theory of Allocation of Time in Markets for Labor and Marriage [J]. Economic Journal, 1984 (94): 863-882.

[98] Grossbard-Shechtman A. On the Economics of Marriage [M]. Boulder (CO.): Westview Press, 1993.

[99] Grossbard-Shechtman A, Amuedo-Dorantes C. Cohort-Level Sex Ratio Effects on Women's Labor Force Participation [J]. Review of Economics of the Household, 2007 (5): 249-278.

[100] Gupta M D. Cultural versus Biological Factors in Explaining Asia's "Missing Women": Response to Oster [J]. Population and Development Review, 2006, 32 (2): 328-332.

[101] Gupta M D. Life Course Perspectives on Women's Autonomy and Health Outcomes [J]. American Anthropologist, 2010, 97 (3): 481-491.

[102] Haan P, Wrohlich K. Can Child Care Policy Encourage Employment and Fertility? Evidence from a Structural Model [J]. Labour Economics, 2011, 18 (4): 498-512.

[103] Hanushek E A. The Trade-off between Child Quantity and Quality [J]. Journal of Political Economy, 1992, 100 (1): 84-117.

[104] Happel S K, Hill J K, Low S A. An Economic Analysis of the Timing of Childbirth [J]. Population Studies, 1984, 38 (2): 299-311.

[105] Havnes T, Mogstad M. Money for Nothing? Universal Child Care

and Maternal Employment [J]. Journal of Public Economics, 2011, 95 (11): 1455-1465.

[106] Hesketh T, Zhu W. Abnormal Sex Ratios in Human Populations: Causes and Consequences [J]. Proceeding of the National Academy of Sciences, 2006, 103 (36): 13271-13275.

[107] Huang W, Lei X, Zhao Y. One-Child Policy and the Rise of Man-Made Twins [J]. The Review of Economics and Statictics, 2016, 98 (3) : 467-476.

[108] Hudson V, Den Boer A M. Bare Branches: The Security Implications of Asia's Surplus Male Population [M]. MIT Press, 2004.

[109] Hughes H M, Graham-Bermann S A. Children of Battered Women: Impact of Emotional Abuse on Adjustment and Development [J]. Journal of Emotional Abuse, 1999, 1 (2): 23-50.

[110] Hui E C, Wang X, Jia S. Fertility Rate, Inter-generation Wealth Transfer and Housing Price in China: A Theoretical and Empirical Study Based on the Overlapping Generation Model [J]. Habitat International, 2016 (53): 369-378.

[111] Hui E C, Zheng X, Hu J. Housing Price, Elderly Dependency and Fertility Behaviour [J]. Habitat International, 2012, 36 (2): 304-311.

[112] Hull T H. Recent Trends in Sex Ratios at Birth in China [J]. Population and Development Review, 1990, 16 (1): 63-83.

[113] Jayachandran S. Fertility Decline and Missing Women [J]. American Economic Journal: Applied Economics, 2017, 9 (1): 118-139.

[114] Joyce T J. Abortion and Crime: A Review [R]. NBER Working Paper, 2009 (15098) .

[115] Kulu H, Steele F. Interrelationships Between Childbearing and Housing Transitions in the Family Life Course [J]. Demography, 2013, 50 (5): 1687-1714.

[116] Kulu H, Vikat A. Fertility Differences by Housing Type [J]. Demographic Research, 2007, 17 (26): 775-802.

[117] Laroque G, Salanié B. Fertility and Financial Incentives in France [J]. CESifo Economic Studies, 2004, 50 (3): 423-450.

[118] Laroque G, Salanié B. Does Fertility Respond to Financial Incentives? [R]. CESifo Working Paper Series, 2008 (2339).

[119] Laroque G, Salanié B. Identifying the Response of Fertility to Financial Incentives [J]. Journal of Applied Econometrics, 2013, 29 (2): 314-332.

[120] Lehnert A. Housing, Consumption, and Credit Constraints [R]. FEDS Working Paper, 2004 (63).

[121] Li H. Prenatal Sex Selection and Missing Girls in China: Evidence from the Diffusion of Diagnostic Ultrasound [J]. Journal of Human Resources, 2013, 48 (1): 36-70.

[122] Li H, Zhang J, Zhu Y. The Quantity-Quality Trade-Off of Children in a Developing Country: Identification Using Chinese Twins [J]. Demography, 2008, 45 (1): 223-243.

[123] Li H, Zheng H. Ultrasonography and Sex Ratios in China [J]. Asian Economic Policy Review, 2009, 4 (1): 121-137.

[124] Li S. Imbalanced Sex Ratio at Birth and Comprehensive Intervention in China [R]. Paper presented at the UNFPA 4th Asia Pacific Conference on Reproductive and Sexual Health and Rights, Hyderabad, India, 2007.

[125] Lin M J, Liu J, Qian N. More Women Missing, Fewer Girls Dying: The Impact of Sex-selective Abortion on Sex at Birth and Relative Female Mortality in Taiwan [J]. Journal of the European Economic Association, 2014, 12 (4): 899-926.

[126] Lin M J, Luoh M C. Can Hepatitis B Mothers Account for the Number of Missing Women? Evidence from Three Million Newborns in Taiwan [J]. American Economic Review, 2008, 98 (5): 2259-2273.

［127］ Liu M，Clark J. The Effect of the Price or Rental Cost of Housing on Family Size：A Theoretical Analysis with Reference to New Zealand ［J］. New Zealand Economic Papers，2016（3）：1-21.

［128］ Lovenheim M F，Mumford K J. Do Family Wealth Shocks Affect Fertility Choices? Evidence from the Housing Market ［J］. Review of Economics and Statistics，2013，95（2）：464-475.

［129］ Maurer-Fazio M，Connelly R，Chen L，et al. Childcare，Elder-care，and Labor Force Participation of Married Women in Urban China，1982-2000 ［J］. Journal of Human Resources，2011，46（2）：261-294.

［130］ Mcelroy M，Yang D T. Carrots and Sticks：Fertility Effects of China's Population Policies ［J］. American Economic Review，2000，90（2）：389-392.

［131］ Merli M G. Underreporting of Births and Infant Deaths in Rural China：Evidence from Field Research in One County of Northern China ［J］. China Quarterly，1998（155）：637-655.

［132］ Mian A，Sufi A. The Household Leverage-Driven Recession of 2007 to 2009 ［R］. University of Chicago Booth School of Business，2009.

［133］ Miller G，Babiarz K S. Family Planning Program Effects：Evidence from Micro data ［J］. Population and Development Review，2016，42（1）：7-26.

［134］ Milligan K. Subsidizing the Stork：New Evidence on Tax Incentives and Fertility ［J］. Review of Economics and Statistics，2005，87（3）：539-555.

［135］ Millimet D L. The Impact of Children on Wages，Job Tenure，and the Division of Household Labour ［J］. Economic Journal，2010，110（462）：139-157.

［136］ Mincer J. Market Prices，Opportunity Costs and Income Effects ［M］ //In：Christ C et al.（eds）Measurement in Economics：Studies in

Mathematical Economics and Econometrics in Memory of Yehuda Grunfeld, Stanford University Press, 1963.

[137] Mizutani N. The Effects of Housing Wealth on Fertility Decisions: Evidence from Japan [J]. Economics Bulletin, 2015, 35 (4): 2710-2724.

[138] Mroz T A. The Sensitivity of an Empirical Model of Married Women's Hours of Work to Economic and Statistical Assumptions [J]. Econometrica, 1987, 55 (4): 765-799.

[139] Murphy R. Fertility and Distorted Sex Ratios in a Rural Chinese County: Culture, State, and Policy [J]. Population and Development Review, 2003, 29 (4): 595-626.

[140] Ohinata A. Fertility Response to Financial Incentives: Evidence from the Working Families Tax Credit in the UK [R]. The Warwick Economics Research Paper Series, 2011 (851) .

[141] Oldenburg P. Sex Ratio, Son Preference and Violence in India: A Research Note [J]. Economic and Political Weekly, 1992, 27 (49/50): 2657-2662.

[142] Oster E. Hepatitis B and the Case of the Missing Women [J]. Journal of Political Economy, 2005, 113 (6): 1163-1216.

[143] Oster E, Chen G, Yu X, et al. Hepatitis B does not Explain Male-based Sex Ratios in China [J]. Economics Letters, 2010, 107 (2): 142-144.

[144] Qian N. Missing Women and the Price of Tea in China: The Effect of Sex-Specific Earnings on Sex Imbalance [J]. Quarterly Journal of Economics, 2008, 123 (3): 1251-1285.

[145] Qian N. Quantity-Quality and the One Child Policy: The Only-Child Disadvantage in School Enrollment in Rural China [R]. NBER Working Paper, 2009 (14973) .

[146] Rapoport B, Sofer C, Solaz A. Household Production in A Collective Model: Some New Results [J]. Journal of Population Economics, 2011, 24 (1): 23-45.

[147] Raute A. Do Financial Incentives Affect Fertility: Evidence from a Reform in Maternity Leave Benefits [R]. Job Market Paper, 2014.

[148] Rosenzweig M R, Evenson R. Fertility, Schooling, and the Economic Contribution of Children of Rural India: An Econometric Analysis [J]. Econometrica, 1977, 45 (5): 1065-1079.

[149] Rosenzweig M R, Wolpin K I. Testing the Quantity-Quality Fertility Model: The Use of Twins as A Natural Experiment [J]. Econometrica, 1980, 48 (1): 227-240.

[150] Saiz A. The Geographic Determinants of Housing Supply [J]. Quarterly Journal of Economics, 2010, 125 (3): 1253-1296.

[151] Schultz T P. Interrelationships between Mortality and Fertility [J]. Ridker, R. G, 1976 (3): 239-289.

[152] Schultz T P. Labor Force and Development: Participation and Time Allocation [J]. Economics of Population, 1981 (3): 191-226.

[153] Schultz T P. Changing World Prices, Women's Wages, and the Fertility Transition: Sweden, 1860-1910 [J]. Journal of Political Economy, 1985, 93 (6): 1126-1154.

[154] Schultz T P, Zeng Y. Fertility of Rural China. Effects of Local Family Planning and Health Programs [J]. Journal of Population Economics, 1995, 8 (4): 329-350.

[155] Sen A. More than 100 Million Women are Missing [J]. The New York Review of Books, 1990 (12): 1-13.

[156] Silver M. Births, Marriages, and Business Cycles in the United States [J]. Journal of Political Economy, 1965, 73 (3): 237-255.

[157] Sinha N, Yoong J. Long-Term Financial Incentives and Investment in Daughters: Evidence from Conditional Cash Transfers in North India [R]. RAND Working Paper, 2009 (667).

[158] Sommer K. Fertility Choice in a Life Cycle Model with Idiosyncratic

Uninsurable Earnings Risk [J]. Journal of Monetary Economics, 2016 (83): 27-38.

[159] Valente C. Access to Abortion, Investments in Neonatal Health, and Sex-selection: Evidence from Nepal [J]. Journal of Development Economics, 2014, 107 (3): 225-243.

[160] Visaria P M. Sex Ratio at Birth in Territories with Relatively Complete Registration [J]. Biodemography and Social Biology, 1967, 14 (2): 132-142.

[161] Voigtländer N, Voth H J. How the West "Invented" Fertility Restriction [J]. Social Science Electronic Publishing, 2013, 103 (6): 2227-2264.

[162] Waldfogel J. Understanding the "Family Gap" in Pay for Women with Children [J]. Journal of Economic Perspectives, 1998, 12 (1): 137-156.

[163] Wang F. Family Planning Policy in China: Measurement and Impact on Fertility [R]. MPRA Paper, 2012 (320).

[164] Wei S, Zhang X. Sex Ratios, Entrepreneurship, and Economic Growth in the People's Republic of China [R]. NBER Working Paper, 2011 (16800).

[165] Wei S, Zhang X. The Competitive Saving Motive: Evidence from Rising Sex Ratios and Saving Rates in China [J]. Journal of Political Economy, 2012, 119 (3): 511-564.

[166] Wei S, Zhang X, Liu Y. Home Ownership as Status Competition: Some Theory and Evidence [J]. Journal of Development Economics, 2017 (127): 169-186.

[167] Whittington L A, Alm J, Peters H E. Fertility and the Personal Exemption: Implicit Pronatalist Policy in the United States [J]. American Economic Review, 1990, 80 (3): 545-556.

[168] Willis R J. Economic Theory of Fertility Behavior. In T. W. Schultz (ed.), In the Economics of the Family [Z]. University of Chicago Press, 1974.

[169] Wu X, Li L. Family Size and Maternal Health: Evidence from the

One-Child Policy in China [J]. Journal of Population Economics, 2012, 25 (4): 1341-1364.

[170] Xing L, Chan M W L, Spencer B G, et al. Does the Marriage Market Sex Ratio Affect Parental Sex Selection? Evidence from the Chinese Census [J]. Journal of Population Economics, 2016, 29 (4): 1063-1082.

[171] Yao Y. Sex Ratio and Timing of the First Marriage in China: Evidence from the One - and - A - Half - Children Policy [R]. Job Market Paper, 2016.

[172] Zeng Y, Tu P, Gu B, et al. Causes and Implications of the Recent Increase in the Reported Sex Ratio at Birth in China [J]. Population and Development Review, 1993, 19 (2): 283-302.

[173] Zheng Z. Interventions to Balance Sex Ratio at Birth in Rural China [R]. Paper Presented at CEPED-CICRED-INED Seminar on Female Deficit in Asia: Trends and Perspectives, Singapore, 2005.

[174] Zimmer Z, Kwong J. Family Size and Support of Older Adults in Urban and Rural China: Current Effects and Future Implications [J]. Demography, 2003, 40 (1): 23.